MAX LUCADO

GRUPO NELSON
Una división de Thomas Nelson Publishers
Desde 1798

NASHVILLE   DALLAS   MÉXICO DF.   RÍO DE JANEIRO   BEIJING

Copyright © 2007 por Grupo Nelson
Una división de Thomas Nelson, Inc.
Nashville, Tennessee, Estados Unidos de América
www.gruponelson.com

Título en inglés: *Every Day Deserves a Chance*
Copyright © 2007 por Max Lucado
Publicado por Thomas Nelson, Inc.

A menos que se especifique lo contrario, las citas bíblicas usadas
son de la Santa Biblia, Versión Reina-Valera 1960
© 1960 Sociedades Bíblicas Unidas en América Latina.
Usadas con permiso.

Diseño de la portada: *Tobias' Outerwear for Books* | www.tobiasdesign.com
Diseño del interior: *Susan Browne Design*
Traducción: *John Bernal*
Adaptación del diseño al español: *Grupo Nivel Uno, Inc.*

ISBN-10: 1-60255-026-3
ISBN-13: 978-1-60255-026-1

Impreso en Estados Unidos de América

3ª Impresión,   12/2007

3 1223 08046 0489

Dedicado a Vic y Kay King,
cuyo amor por los más pequeños me recuerda al de Cristo.

Contenido

Reconocimientos

Aquí están algunos amigos que merecen un buen día de descanso después de haber guiado este libro...

Liz Heaney y Karen Hill son a los editores lo que Rolex es a los relojes —ustedes hacen que todo encaje.

Steve y Cheryl Green —ustedes marcan la norma de excelencia en amistad.

Byron Williamson y Joey Paul —gracias por no creer que esta idea era chiflada.

Rob Birkhead —¡qué creatividad!

Jared Stephens —fuiste más allá de lo que se requería.

Carol Bartley —¡Ci no fuera por ti, todas mis horaciones ze berían hasí!

El equipo UpWords —¡no hay ninguno mejor!

Jenna, Andrea, y Sara —ustedes siempre mantienen mi corazón alegre.

Y Denalyn, mi esposa —¡tú haces que el día más sombrío explote de gozo!

CAPÍTULO 1

Cada día merece una oportunidad

Arena mullida para los pies, brisa fresca en la piel. Un delantal del Pacífico azul turquí precede a un azul más profundo. Las olas se ondulan y estrellan. Los pájaros modulan y trinan. Hay islas dormidas en el horizonte. Las palmeras se mecen en el aire.

Gocé cada instante de aquella mañana mientras escribía este libro. *Qué manera más fácil de darle una oportunidad al día*, medité, *que empezarlo aquí mismo*. Me recliné en la silla playera, entrecrucé mis dedos detrás de mi cabeza y cerré mis ojos.

Fue en ese momento que un pájaro eligió mi pecho para su práctica de tiro al blanco. Sin advertencia. Sin sirenas. Sin aviso. Una descarga silenciosa, nada más.

Levanté la mirada justo a tiempo para ver una gaviota que chocaba sus cinco plumas con sus amigotes en la rama. Qué asco. Me eché agua en la camisa tres veces y me pasé a una silla alejada de los árboles. Hice todo lo que pude para recobrar la magia de la mañana, pero no pude alejar mi mente de la incursión aérea.

Debió ser fácil. Las olas seguían rodando. Las nubes seguían flotando. El océano seguía azulado y la arena seguía blanca. Las islas continuaban su ensueño y el viento mantenía su murmullo. Pero yo no podía dejar de pensar en la granada de la gaviota.

Pájaro estúpido.

Los pájaros siempre encuentran la manera de arruinar las cosas, ¿no es así? Cuenta con ello: Algún pajarito se las arreglará para dejar caer su descarga silenciosa sobre cada día.

El tráfico se congestionará.

Los aeropuertos se cerrarán.

Los amigos olvidarán.

Los cónyuges se quejarán.

Tampoco hay que olvidar todas las largas filas que nos toca hacer. Las fechas límite que nos toca cumplir. Los cabellos que se convierten en canas y los que se caen para no volver a salir. Las palabras groseras y los piropos inapropiados. Las metas de rendimiento y productividad que parecen sacadas de un cuento de hadas. Las aerolíneas que pierden nuestro equipaje. Las arrugas que no se pueden disimular.

¿Y qué decir de aquellos días con sombras dobles? ¿Los días cuando alguna crisis consume entre llamas la esperanza como si fuera el zeppelín Hindenberg? Todos los días que no puedes salir de tu lecho de enfermo o tu silla de ruedas. Todos los días que te despiertas y acuestas en la misma celda o zona de guerra. Cuando la tierra del cementerio todavía no se ha asentado, cuando tienes la notificación de despido en tu bolsillo, cuando el otro lado de la cama sigue vacío… ¿quién tiene un buen día en esos días?

La mayoría no lo tienen, pero… ¿por qué no intentarlo? Esos días también representan una oportunidad. Una sazón. Un experimento. Una audición. Un tiro de larga distancia. ¿Acaso cada día no merece una oportunidad para ser un buen día?

Al fin de cuentas, «Este es el día que hizo Jehová; nos gozaremos y alegraremos en él» (Salmos 118.24). La primera palabra en el versículo nos deja desconcertados. ¿*Este* es el día que hizo el Señor? Tal vez los días festivos sean los días que el Señor ha hecho. Los días de bodas son los que el Señor ha hecho. Los domingos de Pascua, los sábados de súper ofertas, los días de vacaciones, los primeros días de la temporada de cacería, estos son los días que ha hecho el Señor. ¿Pero *este día*?

«Este es el día» incluye todos los días. Los días de divorcio, los días de exámenes finales, los días de cirugía, los días de pagar impuestos. Los días de mandar a la universidad a tu hija mayor.

Ese último le succionó todo el almidón a mi camisa. Me tomó por sorpresa. Empacamos las cosas de Jenna, las embutimos en su carro y dejamos atrás nuestra vida como la habíamos conocido en los últimos dieciocho años. Se cerró un capítulo. Un plato menos en la mesa, una voz que ya no se oyó en la casa, una hija que ya no durmió bajo nuestro techo. Ese día fue necesario y fue planeado. Pero me devastó.

Quedé vuelto añicos. Salí de la estación de gasolina con la manguera todavía en mi tanque y la arranqué de la bomba. También me perdí en el pueblito universitario que tenía un solo semáforo. Dimos vueltas; hice pucheros. Desempacamos; se me hizo un nudo en la garganta. Arreglamos su cuarto; hice planes maquiavélicos para secuestrar a mi propia hija y llevarla a su casa. Me sentía como una llanta desinflada. Luego vi el versículo. Algún ángel lo había pegado en la cartelera del dormitorio universitario.

Este es el día que hizo Jehová; nos gozaremos y alegraremos en él.

Me detuve a mirarlo y dejé que las palabras se posaran. Dios hizo este día, ordenó esta hora difícil, diseñó los detalles de este momento desgarrador. Él no está de vacaciones. Todavía tiene la batuta, está sentado en la cabina y ocupa el único trono del universo. Cada día sale directamente del taller de diseño de Dios. Incluido este.

Entonces, decidí darle una oportunidad al día, cambiar mi perspectiva e imitar la resolución del salmista: «Me gozaré y alegraré en él»,

Ojo, aquí hay otra palabrita que quisiéramos editar: *en*. ¿Tal vez podríamos cambiarla por *después de*? Con mucho gusto soportaremos este día y mañana será motivo de celebración. Me gozaré cuando este día se acabe.

¿Qué significa regocijarnos *en* él? Es la invitación de Dios que Pablo aceptó al regocijarse *en* sus prisiones, David al escribir salmos *en* el desierto, Jonás al orar *en* el vientre del pez, Pablo y Silas al cantar *en* la cárcel, Sadrac, Mesac y Abed-nego al permanecer fieles *en* medio del horno de fuego, Juan cuando vio el cielo *en* su exilio y Jesús cuando oró *en* su huerto de cruento dolor... ¿Podríamos gozarnos *justo en medio* de este día?

Imagínate la diferencia si pudiéramos.

Suponte que estás hundido hasta el cuello en «un día terrible, horrible, espantoso, horroroso»[1] y resuelves darle una oportunidad. Decides no ahogarlo en bebida, trabajo o preocupaciones sino más bien afrontarlo con tesón. Confías más. Te estresas menos. Amplificas la gratitud. Enmudeces la desazón. ¿Sabes qué pasa? Al rato, el día llegará a su final y te sorprenderá lo decente que fue.

De hecho, es tan decente, que uno resuelve darle al día siguiente la misma oportunidad para ser un éxito. Luego llega con sus altibajos y contrariedades, regalitos de pájaros y manchas en la camisa, pero al final del día, sin lugar a duda, ¡darle una oportunidad al día funciona! Y haces lo mismo al otro día y al siguiente. Los días se tornan en semanas, las semanas en meses y lo meses se convierten años repletos de buenos días.

Así es como se construye una buena vida. Un buen día a la vez.

Una hora es demasiado corta y un año demasiado largo. Los días son los episodios de la vida, los segmentos que Dios ha diseñado para el manejo de nuestra existencia.

Ochenta y cuatro mil latidos de corazón.

Una rotación completa de la tierra.

Un círculo completo del reloj solar.

Dos docenas de vueltas consecutivas del reloj de arena.

Un amanecer *y* un atardecer.

¡Un día para estrenar, nuevecito, impecable, inexplorado y listo para utilizar!

Un regalo de veinticuatro horas nunca antes vividas, disponibles para aprovechar al máximo.

Si logras encadenar un buen día con otro y otro, quedarás con el collar precioso de una buena vida.

Pero esto es lo que necesitas tener presente.

Ya no cuentas con el ayer. Se desvaneció mientras dormías. No existe. Te quedaría más fácil volver a juntar una bocanada de humo. No puedes cambiarlo, alterarlo ni mejorarlo. Las acciones mediocres no permiten una repetición de la jugada. La arena del reloj no se desliza hacia arriba. La segunda mano del reloj se niega a ir en sentido contrario. El calendario mensual se lee de izquierda a derecha, no de derecha a izquierda. Ayer ya pasó.

Todavía no tienes el mañana. A no ser que aceleres la órbita de la tierra o convenzas al sol de salir dos veces antes de ponerse una vez, no puedes vivir mañana hoy. No puedes gastar el dinero de mañana, celebrar los logros de mañana ni resolver los acertijos de mañana. Únicamente tienes hoy. Este es el día que ha hecho el Señor.

Vívelo. Debes estar presente en él para ganar. No agobies hoy con los pesares de ayer ni lo agries con los problemas de mañana. ¿Acaso no tendemos a hacer justamente eso?

Le hacemos a nuestro día lo que yo hice una vez que salí a montar una bicicleta. Mi amigo y yo emprendimos una excursión larga en el campo. A contados minutos de iniciar el viaje empecé a cansarme. A la media hora mis muslos estaban adoloridos y mis pulmones parecían los de una ballena desorientada en la playa. Apenas podía impulsar los pedales. Aunque no soy un competidor en el Tour de Francia tampoco soy un novato, pero ese día me sentí como uno. Después de cuarenta y cinco minutos tuve que bajarme de la bicicleta y recuperar el aliento. Ahí fue cuando mi compañero se dio cuenta del problema. ¡Los frenos estaban rozando con mi rueda trasera! El agarre del caucho contrarrestaba cada pedaleo, y el recorrido estaba destinado a ser espinoso.

¿No hacemos lo mismo? La culpa ejerce presión por un lado. El pavor se encarga del otro. Con razón vivimos tan cansados. Saboteamos nuestro día, lo programamos para el desastre acarreando los problemas de ayer y asumiendo las luchas de mañana. Remordimiento por el pasado, ansiedad por el futuro. No le estamos dando una oportunidad al día.

¿Qué podemos hacer al respecto? Esta es mi propuesta: Consultemos a Jesús. El Anciano de días tiene algo que decir sobre nuestros días. Aunque no emplea el término día con mucha frecuencia en las Escrituras, las contadas veces que lo usa nos proveen una fórmula estupenda para optimizar con excelencia el manejo de cada uno de nuestros días.

Satura tu día en Su gracia.
«Entonces Jesús le dijo: De cierto te digo que hoy estarás conmigo en el paraíso» (Lucas 23.43).

Encomienda tu día a Su cuidado.
«El pan nuestro de cada día, dánoslo hoy»
(Lucas 11.3).

Acepta Su dirección.
«Si alguno quiere venir en pos de mí, niéguese a sí mismo,
tome su cruz cada día, y sígame» (Lucas 9.23).
Gracia. Cuidado. Dirección.*

Satura tu día de Dios. Dale una oportunidad al día, y en tanto que lo haces, mantén un ojo abierto por si se aparece la gaviota con sonrisa pícara.

---

* Las iniciales de estas palabras en inglés, (**G**race, **O**versight, **D**irection) forman la palabra God («Dios»).

ÁNIMO PARA EL DÍA

LA PRÓXIMA VEZ QUE TE SIENTAS ABRUMADO POR UN MAL DÍA, EXA-MINA TU PERSPECTIVA CON TRES PREGUNTAS:

1. ¿DE QUÉ ME SIENTO CULPABLE?

2. ¿QUÉ ME TIENE PREOCUPADO(A)?

3. ¿CUÁL ES MI MOTIVACIÓN EN LA VIDA?

REFLEXIONA EN TUS RESPUESTAS Y RECUERDA:

EL AYER... PERDONADO.

EL MAÑANA... OFRENDADO.

EL HOY... DESPEJADO.

EL DESIGNIO DE JESÚS PARA UN BUEN DÍA TIENE MUCHO SENTIDO. SU GRACIA BORRA LA CULPA. SU CUIDADO QUITA EL TEMOR. SU DIRECCIÓN ELIMINA LA CONFUSIÓN.

Sección 1

Satura tu día en Su gracia

Ayer te equivocaste. Dijiste las palabras indebidas, te fuiste por donde no debías, amaste a la persona equivocada, reaccionaste mal. Hablaste cuando debiste haber escuchado, procediste cuando debiste haber esperado, juzgaste cuando debiste haber confiado, flaqueaste cuando debiste haber resistido.

Ayer erraste el tiro. Pero vas a errar peor si dejas que los errores de ayer saboteen la actitud de hoy. Las misericordias de Dios son nuevas cada mañana. Recíbelas. Aprende una lección de los bosques Cascade del estado de Washington. Algunos de sus árboles tienen cientos de años y han rebasado su longevidad típica de cincuenta a sesenta años. Hay un patriarca lleno de hojas cuyo origen se remonta ¡siete siglos atrás! ¿Qué marca la diferencia? Las lluvias diarias. La precipitación constante mantiene el suelo húmedo, los árboles mojados y los rayos impotentes.[2]

Los rayos también te caen. El trueno de los sinsabores puede encenderte y consumirte. Puedes contrarrestarlos con aguaceros de la gracia de Dios y empaparte a diario de perdón. Una vez al año no es suficiente. Una vez al mes no alcanza. Las lloviznas semanales te dejan reseco. El rocío esporádico te deja susceptible a las llamaradas. Necesitas humectante constante cada día. «El gran amor del Señor nunca se acaba y su compasión jamás se agota. Cada mañana se renuevan sus bondades; ¡muy grande es su fidelidad!» (Lamentaciones 3.22-23 NVI).

CAPÍTULO 2

Misericordia para los días vergonzosos

Lo que el ladrón ve. Paredes sucias, piso desaseado. Rayos de sol racionados que se escurren por entre unas grietas. Su celda siempre en la sombra. Su día más todavía. Las ratas corren entre los hoyos de las esquinas. Él haría lo mismo si pudiera.

Lo que el ladrón oye. Pies de soldados en el pasillo. El golpeteo de una puerta metálica. Un guarda con la compasión de una viuda negra. «¡Levántate! Te llegó la hora».

Lo que el ladrón ve. Rostros desafiantes a lo largo de un callejón empedrado. Hombres que escupen con asco, mujeres que miran con burla. Cuando el ladrón llega a la cresta de la colina, un soldado lo lanza al piso. Otro presiona su brazo contra una viga y lo aprieta con una rodilla. El ladrón ve al soldado agarrar el mazo y un clavo.

Lo que el ladrón oye. Martillazo. Traqueteo de un martillo. Traqueteo en la cabeza. Traqueteo en el corazón. Los soldados gruñen al levantar la cruz. La base hace un ruido sordo cuando se mete en el hoyo.

Lo que el ladrón siente. Dolor. Dolor que deja sin aire, dolor que detiene el pulso. Cada fibra de su ser, una hoguera.

Lo que el ladrón oye. Lamentos. Gemidos guturales. Muerte. Nada más. Su propia muerte. El Gólgota suena como un acorde menor. Ninguna canción de cuna que traiga esperanza. Ningún soneto de vida. Solamente los acordes nefastos de la muerte.

Dolor. Muerte. Él los ve y los oye. Pero entonces el ladrón ve y oye algo más: «Padre, perdónalos, porque no saben lo que hacen» (Lucas 23.34).

Una flauta resuena en un campo de batalla. Una nube lluviosa tapa el sol desértico. Una rosa florece en la colina de la muerte.

Jesús ora clavado a una cruz romana.

El ladrón reacciona. Afrenta. «Lo mismo le injuriaban también los ladrones que estaban crucificados con él» (Mateo 27.44).

Habiendo sido lastimado, el ladrón lastima. Estando herido, hiere. Hasta el Lugar de la Calavera tiene jerarquía, y este ladrón rehúsa someterse. Se suma a los que se mofan: «A otros salvó, a sí mismo no se puede salvar; si es el Rey de Israel, descienda ahora de la cruz… porque ha dicho: Soy Hijo de Dios» (Mateo 27.42-43).

Jesús no opta por las represalias. El ladrón ve, por primera vez aquel día, o quién sabe en cuántos días, bondad. No miradas duras ni palabras fuertes, sino paciencia y mansedumbre.

El ladrón se ablanda. Deja de burlarse de Cristo luego intenta detener a los que hacen mofa de Cristo y confiesa al malhechor en la otra cruz: «Nosotros, a la verdad, justamente padecemos, porque recibimos lo que merecieron nuestros hechos; mas éste ningún mal hizo» (Lucas 23.41). El ladrón percibe que está cerca de un hombre que va rumbo al cielo y pide una recomendación: «Acuérdate de mí cuando vengas en tu reino» (23.42).

Y Jesús, quien daba y sigue dando vida eterna a los inmigrantes ilegales que invita a su oficina presidencial, emite una respuesta empapada de gracia: «De cierto te digo que hoy estarás conmigo en el paraíso» (23.43).

El mal día del hombre malo se arregla con el regalo gratuito de un Dios generoso en misericordia.

¿Qué ve ahora el ladrón? Ve un hijo que encomienda su madre a un amigo y honra a un amigo con su madre (Juan 19.26-27). Ve al Dios que escribió el manual de la gracia. El Dios que invitó a Adán y Eva a salir de su escondite y a Moisés del desierto. El Dios que dispuso un lugar para David, aunque David se había equivocado con Betsabé. El Dios que no se dio por vencido con Elías aunque Elías se dio por vencido con Dios. Esto es lo que ve el ladrón.

¿Y qué es lo que oye? Oye lo que un Moisés fugitivo oyó en el desierto, lo que un Elías deprimido oyó en la soledad, lo que un David adúltero oyó tras su adulterio. Oye lo que…

un Pedro tornadizo oyó después que el gallo cantó,

los discípulos en la tormenta oyeron cuando el viento se calmó,

la mujer adúltera oyó cuando sus acusadores se fueron,

la samaritana con muchos maridos oyó antes que llegaran los discípulos,

el empecinado y endurecido Saulo oyó tras el resplandor de Jesús,

el paralítico oyó cuando sus amigos lo bajaron por el techo,

el ciego oyó cuando Jesús lo encontró en la calle,

los discípulos oirían en la playa muy temprano en la mañana.

El ladrón oye el lenguaje oficial de Cristo: Gracia. Inmerecida. Inesperada. Gracia. «Hoy estarás conmigo en el paraíso» (Lucas 23.43).

Paraíso. El cielo intermedio. El hogar de los justos hasta el regreso de Cristo. Donde está el árbol de la vida. Donde están los santos. Donde está Dios. Y ahora el ladrón que había empezado su día en una celda romana, estará allí.

Con Jesús. «Hoy estarás conmigo». No hay entrada trasera. No hay demoras ni retrasos. En el paraíso no hay noche ni ciudadanos de segunda categoría. El ladrón entra por la puerta principal pisando la alfombra roja de Jesús.

Hoy. De inmediato. Sin purga en el purgatorio. Sin rehabilitación en el Hades. La gracia llega como un amanecer dorado que ilumina el día oscuro del ladrón. La colina de ejecución se convierte en un monte de transfiguración.

Tal vez te vendría bien un poco de eso mismo. Los errores de ayer son como el escuadrón romano de la muerte que te conduce al calvario de la vergüenza. Los rostros del pasado están alineados a lo largo del trecho. Hay voces que declaran tus delitos al pasar:

¡Nos descuidaste a tu padre y a mí!

¡Dejaste que el hábito acabara con tu juventud!

¡Prometiste que volverías!

Luego eres clavado en la cruz de tus errores. Errores tontos. ¿Qué ves? Muerte. ¿Qué sientes? Vergüenza. ¿Qué oyes?

Ah, esa es la cuestión. *¿Qué* oyes? ¿Puedes oír a Jesús por encima de los acusadores? Él promete: «Hoy estarás conmigo en el paraíso».

Hoy. Este día. En medio de su fetidez y sus afanes, Jesús lo convierte en un milagro. Cuando otros te clavan en la cruz de tu pasado, Él abre de par en par la puerta a tu futuro. Paraíso. Jesús trata tus días llenos de vergüenza con gracia.

Él se llevará tu culpa si se lo pides. Todo lo que aguarda es tu petición. Las palabras del ladrón bastarán. «Nosotros... recibimos lo que merecieron nuestros hechos; mas éste ningún mal hizo...».

Nosotros estamos equivocados. Él tiene la razón.

Nosotros pecamos. Él es el Salvador.

Necesitamos gracia. Jesús puede darla.

Así que pídele: «Acuérdate de mí cuando vengas en tu reino».

Y, cuando lo hagas, Aquel que habló entonces hablará de nuevo. «Hoy estarás conmigo en el paraíso».[3]

ÁNIMO PARA EL DÍA

La próxima vez que tu día se agrie, haz lo siguiente. Sumérgete en la gracia de Dios. Satura tu día en Su amor. Remoja tu mente en Su misericordia. Él ha dejado tus cuentas en paz y a salvo, ha pagado tu deuda. «[Cristo] mismo, en su cuerpo, llevó al madero nuestros pecados» (1 Pedro 2.24 NVI).

Cuando pierdas los estribos con tu hijo, Cristo interviene y dice: «Yo pagué por eso». Cuando digas una mentira y todo el cielo se lamente, tu Salvador se pronuncia: «Mi muerte cubrió ese pecado». Cada vez que tienes lujuria, te ensoberbeces, codicias o juzgas, Jesús se presenta ante el tribunal del cielo y señala aquella cruz ensangrentada. «Ya hice provisión. He quitado los pecados del mundo».

Cuán grande es el regalo que te ha dado. Te has ganado la lotería más grande en la historia de la humanidad, ¡y ni siquiera tuviste que pagar el boleto! Tu alma está segura, tu salvación está garantizada. Tu nombre está escrito en el único libro que importa. Estás a contados granos de arena de una existencia sin lágrimas, sin tumba y sin dolor. ¿Qué más necesitas?

CAPÍTULO 3

Gratitud para los días ingratos

Apuntes del diario de un perro:

8:00 a.m. Qué delicia, comida para perros, mi favorita.

9:30 a.m. Qué delicia, viaje en el carro, mi favorito.

9:40 a.m. Qué delicia, una salida a caminar, mi favorita.

10:30 a.m. Qué delicia, otro paseo en el carro, mi favorito.

11:30 a.m. Qué delicia, más comida para perro, mi favorita.

12:00 p.m. Qué delicia, los niños, mis favoritos.

1:00 p.m. Qué delicia, el patio, mi favorito.

4:00 p.m. Qué delicia, otra vez los niños, mis favoritos.

5:00 p.m. Qué delicia, comida para perro otra vez, mi favorita.

5:30 p.m. Qué delicia, mamá, mi favorita.

6:00 p.m. Qué delicia, a jugar con la pelota, mi favorita.

8:30 p.m. Qué delicia, dormir en la cama de mi amo, mi favorita.

Apuntes del diario de un gato:

Día 283 de mi cautiverio. Mis captores siguen espantándome con extraños objetos colgantes. Cenan con deliciosos pedazos de carne fresca mientras yo me veo forzado a comer cereal seco.

Me mantiene con vida la esperanza de escape y la satisfacción menor que derivo de arruinar unos cuantos muebles. Mañana tal vez dañe otra planta. Traté de matar a mis captores esta mañana cruzándome entre sus pies al caminar. Casi lo logré. Debo tratar esta estrategia en las escaleras del segundo piso. Con la idea de asquear a estos opresores viles, una vez traté de vomitar en su silla favorita. Debo intentar hacer lo mismo en su cama. Para mostrar mi inclinación diabólica, decapité un ratón y dejé el cuerpo en el piso de la cocina. Hicieron ruiditos de bebé y me manosearon la cabeza llamándome un «gatito muy fuerte». Eso no funcionó como lo había planeado. Durante una reunión con sus cómplices, me pusieron en aislamiento solitario. Alcancé a escuchar que mi aislamiento se debía al poder de mis alergias. Debo aprender qué significa eso y cómo utilizarlo para mi beneficio.

Estoy convencido que los demás cautivos en esta casa son sirvientes, tal vez informantes. Al perro lo sueltan de vez en cuando y el muy ingenuo parece feliz cuando regresa. Sin lugar a dudas, es un retardado mental. El pájaro se comunica regularmente con los humanos. Debe ser un informante. Tengo por cierto que se mantiene al tanto de todos mis movimientos. Debido a su ubicación actual en la jaula metálica está seguro, pero puedo esperar. Sólo es cuestión de tiempo.[4]

El día de un perro. El día de un gato. Uno contento, el otro confabulado. Uno en paz, el otro en pie de guerra. Uno agradecido, el otro antipático. La misma casa. Las mismas circunstancias. El mismo amo. Dos actitudes totalmente diferentes.

¿Cuál diario se parece más al tuyo? Si tus pensamientos privados se publicaran, ¿con qué frecuencia aparecerían frases como: «Qué delicia, mi favorito»?

«Qué delicia, el amanecer, mi favorito».

«Qué delicia, desayuno, mi favorito».

«Qué delicia, congestión vehicular, mi favorita».

«Qué delicia, barrer el piso, mi favorito».

«Qué delicia, tratamiento de conductos, mi favorito».

Bueno, ni siquiera a un perro le apetecería el conducto dental. Pero, ¿no nos gustaría saborear más el día? Podemos hacerlo. Empieza por la gracia de Dios. Al aceptar Su perdón, nuestro día de quejas y lamentos se convierte en un día de gratitud.

Sí, gratitud. La gratitud es el primogénito de la gracia, la reacción correcta de los bendecidos. Tan correcta, que su ausencia sorprende a Jesús. Lo sabemos por vía de aquellos hombres a quienes sanó.

«Yendo Jesús a Jerusalén, pasaba entre Samaria y Galilea. Y al entrar en una aldea, le salieron al encuentro diez hombres leprosos, los cuales se pararon de lejos y alzaron la voz, diciendo: ¡Jesús, Maestro, ten misericordia de nosotros!» (Lucas 17.11-13).

Leprosos. Un montón de caras a medio vestir y cuerpos encorvados. ¿Se podría discernir dónde terminaba una forma y empezaba la otra, apoyados como estaban el uno en el otro? Pero, ¿en quién más podían apoyarse?

Su aspecto repelía a la gente: Protuberancias en la cara, la nariz, los labios y la frente. Las úlceras en sus cuerdas vocales dejaban sus voces con un carraspeo permanente. Las cejas sin pelo enmarcaban miradas sepulcrales en sus ojos. Músculos y tendones atrofiados se contraían hasta que las manos parecían garras. La gente evitaba a los leprosos.

Cristo en cambio tuvo compasión de ellos. Cuando la gente se apartó de los diez leprosos, el Maestro dio un paso adelante. «Id, mostraos a los sacerdotes. Y aconteció que mientras iban, fueron limpiados» (17.14).

¿No te habría encantado ser testigo de ese milagro? Sin terapia. Sin tratamiento. Sin medicamentos. Solamente una oración a un hombre y ¡en un santiamén! Sanidad completa. Las manos engarrotadas se enderezaron. Las heridas abiertas se cerraron. La energía pulsó de nuevo por sus venas. Diez capuchones innecesarios y veinte muletas al piso. Una masa miserable de humanidad se convierte en un coro que celebra con vivas y brincos su nueva salud.

¿Puedes imaginar cómo se sintieron los leprosos? Si estás en Cristo, puedes. Lo que Él hizo por los leprosos físicamente, lo ha hecho en ti espiritualmente.

El pecado nos vuelve leprosos a todos y nos convierte en cadáveres espirituales. Pablo escribió a los cristianos en Éfeso: «Estabais muertos en vuestros delitos y pecados» (Efesios 2.1). El apóstol dijo que los no salvos viven «en la vanidad de su mente, teniendo el entendimiento entenebrecido, ajenos de la vida de Dios» (Efesios 4.17-18).

¿Podría hacerse un diagnóstico más descorazonador?

Muertos en transgresiones.

Fútiles en su manera de pensar.

Entenebrecidos en su entendimiento.

Separados de Dios.

Los médicos forenses dan informes más alentadores. Y eso que Pablo no había terminado. Aparte de Cristo estamos «sin esperanza y sin Dios en el mundo» (Efesios 2.12), «sin poder dominar nuestros deseos de hacer lo malo» (Romanos 7.5 BLS) y somos esclavos del diablo (2 Timoteo 2.26). Lo que Jesús vio en los cuerpos de los leprosos, también lo ve en el alma del pecador: Devastación total. Asimismo, lo que Él hizo por ellos, lo hace por quien tenga el corazón dispuesto. «Pero Dios, que es rico en misericordia, por su gran amor con que nos amó, aun estando nosotros muertos en pecados, nos dio vida juntamente con Cristo (por gracia sois salvos)» (Efesios 2.4-5).

Él cierra las llagas abiertas de nuestro corazón y endereza las extremidades entumecidas de nuestro hombre interior. Él cambia los trapos inmundos del pecado por mantos de justicia. Él sigue sanando. Y Él sigue buscando un corazón agradecido.

Entonces uno de ellos, viendo que había sido sanado, volvió, glorificando a Dios a gran voz, y se postró rostro en tierra a sus pies, dándole gracias; y éste era samaritano. Respondiendo Jesús, dijo: ¿No son diez los que fueron limpiados? Y los nueve, ¿dónde están? ¿No hubo quien volviese y diese gloria a Dios sino este extranjero? (Lucas 17.15-18)

El leproso que volvió captó la atención de Cristo. Al igual que la ausencia de los otros. No te pierdas el titular de la historia. Dios se percata del corazón agradecido. ¿Por qué? ¿Acaso está obsesionado consigo mismo? No. En cambio, nosotros sí. La gratitud eleva nuestra mirada, nos quita los ojos de las cosas que nos faltan para que podamos ver las bendiciones que poseemos. Nada acaba con el frío invernal del día como la brisa caribeña de la gratitud. ¿Necesitas un cambio de vientos?

Vuélvete un experto en la gracia de Dios. Cuando Pablo envió a Timoteo a la universidad espiritual, le dijo que obtuviera una maestría en la gracia de Dios: «Tú, pues, hijo mío, *esfuérzate en la gracia que es en Cristo Jesús*» (2 Timoteo 2.1, cursivas mías). Haz tú lo mismo. Enfócate en la cruz de Cristo. Domina el lenguaje de la redención. Pasa ratos largos al pie de la cruz. Métete de lleno en el currículo de la gracia. Es fácil distraerse. Es tan fácil ser ingratos, cometer el error del ayudante de Scott Simpson.

Scott es un jugador profesional de golf que juega en el torneo Masters auspiciado por el Club Nacional de Golf de Augusta. Augusta es para los golfistas lo que el Instituto Smithsoniano es para los historiadores, la experiencia máxima. La cancha es una bella obra de arte, recorrerla es como caminar por un cuadro al óleo. Los encargados de su cuidado y mantenimiento la acicalan como si fuera una novia en el día de su boda. Al describir tal perfección a su ayudante, Scott comentó: «No vas a encontrar una sola maleza toda esta semana».

Imagina la sorpresa de Scott el domingo, cinco días después de haber recorrido la cancha, cuando su ayudante señaló al suelo y anunció: «¡Encontré una!»

¿Acaso no hacemos lo mismo? Habitamos en un huerto de gracia inmaculada. El amor de Dios brota a nuestro alrededor como lilas y nos rodea como pinos de Georgia, pero nosotros vivimos agachados buscando maleza. ¿Cuántas flores nos perdemos en el proceso?

Si te fijas lo suficiente, tarde o temprano encontrarás algo que te revolverá el estómago. ¡Mejor deja de buscar! Aparta tus ojos de la maleza. Dedícate a estudiar la gracia de Dios. Y…

Mide los regalos de Dios. Colecciona tus bendiciones. Cataloga Sus bondades. Junta tus razones para estar agradecido y recítalas. «Estad siempre gozosos. Orad sin cesar. Dad gracias en todo, porque esta es la voluntad de Dios para con vosotros en Cristo Jesús» (1 Tesalonicenses 5.16-18).

Fíjate en la totalidad de esos términos. *Siempre gozosos. Orando sin cesar. Dando gracias en todo lo que suceda.* Aprende una lección de Sidney Connell. Cuando le robaron su bicicleta recién comprada, la niña llamó a su papá y le contó la mala noticia. Él esperaba que su hija estuviera alterada, pero Sydney no estaba llorando. Se sintió privilegiada. «Papá», se jactó, «de todas las bicicletas que se habrían podido llevar, se llevaron la mía».

La gratitud siempre es una opción. Matthew Henry optó por ella. Cuando el famoso erudito fue acechado por ladrones que le robaron su bolso, él escribió lo siguiente en su diario: «Primero quiero dar gracias porque nunca antes me habían robado; en segundo lugar, porque así se hayan llevado mi bolso no me quitaron la vida; en tercer lugar, aunque se llevaron todo lo que tenía, no era mucho; y en cuarto lugar, porque me robaron a mí y no fui yo el que robó».[5]

Haz de la gratitud tu estado emocional básico y verás cómo das gracias por los problemas de la vida. El consultor de administración y gerencia Robert Updegraff escribió:

> Deberías alegrarte por los problemas de tu trabajo porque suministran cerca de la mitad de tus ingresos. Si no fuera por todo lo que puede salir mal, la gente problemática que te toca atender y los problemas de tu día laboral, se podría encontrar a alguien que realizara tu trabajo por la mitad de lo que te están pagando. Por eso, empieza a buscar más problemas. Aprende a manejarlos con alegría y buen juicio, como oportunidades en lugar de irritaciones, y te sorprenderás al ver con qué rapidez sales adelante. Hay bastantes trabajos buenos a la espera de gente que no le tenga miedo a los problemas.[6]

¿Necesitas condimentar tu día? Da gracias a Dios por cada problema que asoma la cabeza. ¿Hay alguna situación tan penosa que la gratitud pueda echarse de menos? Algunas damas en una de las conferencias de Mujeres de Fe así lo pensaron. Esta gran organización llena estadios de mujeres y mujeres de esperanza. La presidenta, Mary Graham, me contó acerca de cierto fin de semana en que la falta de espacio puso a prueba la paciencia de todos.

El lugar no tenía cupo para 150 personas que necesitaban puesto. El personal trató de resolver el problema usando sillas más angostas. Como resultado, cada mujer tuvo dónde sentarse pero todos los asistentes quedaron apretados. Las quejas pulularon la atmósfera como un basurero. Mary le preguntó a Joni Eareckson Tada, una de las conferencistas invitadas, si podía calmar a la multitud. Joni estaba perfectamente calificada para hacerlo. Un accidente de natación en su infancia la había dejado confinada a una silla de ruedas. Los asistentes la empujaron hacia la plataforma y Joni se dirigió a la multitud quisquillosa. «Entiendo que a algunas de ustedes no les gusta la silla que les tocó. A mí tampoco. Pero tengo más de mil amigos inválidos que de mil amores cambiarían de puesto con ustedes».

Las quejas y la murmuración cesaron.

Lo mismo puede suceder contigo. Especialízate en la gracia de Dios. Mide los regalos de Dios. Así podrás escribir en tu diario algo parecido a esto:

«Los lunes, qué delicia, mis días favoritos».

«El día de pagar impuestos, qué delicia, es mi favorito».

«La evaluación de fin de año, qué delicia, mi favorita».

¿Te parece imposible? ¿Cómo podrías saberlo? No lo sabrás hasta que le des una oportunidad a cada día.

ÁNIMO PARA EL DÍA

DOS TIPOS DE VOCES DEMANDAN TU ATENCIÓN EL DÍA DE HOY. LAS NEGATIVAS LLENAN TU MENTE DE DUDA, AMARGURA Y TEMOR. LAS POSITIVAS OFRECEN ESPERANZA Y FORTALEZA. ¿CUÁLES OPTARÁS POR ATENDER? TIENES UNA DECISIÓN QUE TOMAR Y LO SABES: «[LLEVAR] CAUTIVO TODO PENSAMIENTO A LA OBEDIENCIA A CRISTO» (2 CORINTIOS 10.5).

¿DEJAS ENTRAR A TU CASA A CUALQUIERA QUE TOQUE LA PUERTA? NO PERMITAS QUE TODO PENSAMIENTO QUE SALGA A LA SUPERFICIE SE AFINQUE EN TU MENTE. TÓMALO CAUTIVO Y HAZLO OBEDECER A JESÚS. SI SE NIEGA, NO LO PIENSES.

LOS PENSAMIENTOS NEGATIVOS NUNCA TE FORTALECEN. ¿CUÁNTAS VECES HAS DESCONGESTIONADO EL TRÁFICO CON TUS QUEJAS Y MURMURACIONES? ¿LOS LAMENTOS HACEN DESAPARECER LAS CUENTAS POR PAGAR? ¿PARA QUÉ GEMIR POR TUS ACHAQUES Y DOLENCIAS, TUS PROBLEMAS Y TAREAS POR HACER?

«SOBRE TODA COSA GUARDADA, GUARDA TU CORAZÓN; PORQUE DE ÉL MANA LA VIDA» (PROVERBIOS 4.23).

CAPÍTULO 4

Perdón para los días amargos

Tú y yo guardamos cosas. Fotos predilectas, artículos interesantes... todos guardamos ciertas cosas. Homero y Langley Collyer las acaparaban. Todo lo que puedas imaginarte. Periódicos, cartas, ropa, ellos lo conservaban.

Estos hermanos que nacieron a finales del siglo diecinueve de una pareja acaudalada de Manhattan, vivían en una mansión lujosa de tres niveles en la intersección de la Quinta Avenida y la calle 128. Homero sacó título de ingeniero y Langley se convirtió en abogado. Todo parecía ir de maravilla en la familia Collyer.

Fue entonces que papá y mamá se divorciaron, en 1909. Los chicos, que ya tenían más de veinte años, se quedaron en casa con su mamá. La delincuencia empeoró en la ciudad. El vecindario se deterioró. Homero y Langley se desquitaron escapando del mundo. Por razones que los terapeutas discuten en sus reuniones sociales, el dúo se aisló en la mansión que heredaron, cerraron las puertas, les pusieron cerrojo y tiraron la llave.

No se oyeron noticias de ellos durante casi cuarenta años. En 1947 alguien informó que se sospechaba la existencia de un cadáver en su domicilio. Siete policías tuvieron que derribar la

puerta. La entrada estaba bloqueada por una muralla de periódicos, catres, media máquina de coser, sillas viejas, partes de una
prensa de uvas y un resto de chatarra. Tras varias horas de excava-
ción, los policías encontraron el cuerpo de Homero, sentado en
el piso con la cabeza entre las rodillas y su pelo gris desgreñado
que le llegaba a los hombros.

¿Pero dónde estaba Langley? Esa pregunta dio pie a una de
las más extrañas pesquisas en la historia de Manhattan. Quince
días de remoción de trastos produjeron 103 toneladas de chatarra. Candelabros de gas, un mesón de carpintería, el chasis de un
automóvil viejo, un piano Steinway, la quijada de un caballo y
por último, un hermano desaparecido. Los cacharros que había
acumulado cayeron sobre él y lo mataron.[7]

¡Estrafalario! ¿Quién querrá vivir con los escombros del ayer?
¿Quién quiere aferrarse a los desechos del pasado? Yo no, ¿qué
dices tú?

¿De verdad?

Aclaro que no me refiero a tu casa sino más bien a tu corazón.
No hablo de montañas de papel y cajas sino a los residuos no pro-
cesados de iras y heridas del pasado. ¿Mantienes bien guardado
tu dolor? ¿Tienes empacadas las ofensas? ¿Llevas un registro de
los desaires?

Un recorrido por tu corazón podría ser revelador. Una pila de
rechazos amontonados en una esquina. Insultos acumulados en
otra. Imágenes de las personas que te han agraviado colgadas en
la pared y desparramadas en el piso.

Nadie puede culparte. Has tenido que lidiar con los que quitan la
inocencia, los que rompen promesas y los que infligen heridas. Sin
embargo, ¿no te parece lógico deshacerte de esa basura? ¿Quieres

darle una oportunidad a cada día? Jesús te dice: *Concede la gracia que te ha sido dada.*

Detente a pensar en la respuesta que dio a la pregunta de Pedro: «Señor, ¿cuántas veces perdonaré a mi hermano que peque contra mí? ¿Hasta siete? Jesús le dijo: No te digo hasta siete, sino aun hasta setenta veces siete» (Mateo 18.21-22).

Sí, el sonido que oyes es el tecleo de las calculadoras. Descubrimos que setenta veces siete equivale a cuatrocientas noventa ofensas. *Qué interesante, puedo deshacerme legalmente de mi esposo, él se pasó de ese número en nuestra luna de miel.*

Pero Jesús le corta las alas a nuestra gracia calibrada con una historia en dos actos:

Acto primero: Dios perdona lo imperdonable.

Por lo cual el reino de los cielos es semejante a un rey que quiso hacer cuentas con sus siervos. Y comenzando a hacer cuentas, le fue presentado uno que le debía diez mil talentos. A éste, como no pudo pagar, ordenó su señor venderle, y a su mujer e hijos, y todo lo que tenía, para que se le pagase la deuda. (Mateo 18.23-25)

Qué deuda tan inmensa. Un talento equivalía a seis mil denarios y un denario equivalía al salario de un día (Mateo 20.2). Un talento equivaldría entonces al trabajo realizado en seis mil días. Diez mil talentos representan 60 millones de días o 240.000 días de trabajo. La deuda de una persona que gana 100 dólares al día sería ¡6 mil millones de dólares!

Es una suma astronómica. Se trata de una hipérbole empleada por Jesús. Él está exagerando para ilustrar un punto. ¿O será que no? Una persona jamás le debería esa cantidad a otra, pero ¿podría estar Jesús refiriéndose a la deuda que tenemos con Dios?

Calculemos nuestro adeudamiento con Dios. ¿Cuántas veces pecas tú, por decir algo, en una hora? Pecar es errar el blanco (Romanos 3.23). La preocupación es un error al blanco en la fe. La impaciencia es un error al blanco en la bondad. El espíritu crítico falla en darle al amor. ¿Cuántas veces quedamos debiéndole a Dios con nuestro desempeño? Para fines de esta discusión, digamos que pecamos diez veces cada hora. Suponiendo que no pecamos mientras dormimos, diez pecados por hora multiplicado por dieciséis horas cada día, multiplicado por 365 días al año y la vida promedio de un hombre que es setenta y cuatro años, el total aproximado es 4.300.000 pecados por persona.

Dime, ¿en qué incrementos tienes planeado pagarle a Dios por tus 4.3 millones de pecados? La amortización de esa deuda es imposible. Inalcanzable. Te estás ahogando en un Océano Pacífico de deudas. Es justamente lo que Jesús quiso dar a entender. ¿Los deudores más grandes en la historia? Tú y yo. ¿Quién es el rey? Dios. Mira lo que Dios hace.

A éste [siervo], como no pudo pagar, ordenó su señor venderle, y a su mujer e hijos, y todo lo que tenía, para que se le pagase la deuda. Entonces aquel siervo, postrado, le suplicaba, diciendo: Señor, ten paciencia conmigo, y yo te lo pagaré todo. El señor de aquel siervo, movido a misericordia, le soltó y le perdonó la deuda. (Mateo 18.25-27)

Dios perdona los billones y trillones de pecados de la humanidad egocéntrica. Perdona sesenta millones de días llenos de pecado.

«Él nos ama mucho y nos declara inocentes sin pedirnos nada a cambio. Por medio de Jesús nos ha librado del castigo que merecían nuestros pecados» (Romanos 3.24 BLS).

Dios perdona lo imperdonable. Si esta fuera la única enseñanza de la historia, tendríamos mucho en qué meditar. Pero este es apenas el primer acto en una obra de dos actos. El punto central está por llegar.

Acto segundo: Hacemos lo impensable.

Los perdonados se rehúsan a perdonar.

> Pero saliendo aquel siervo, halló a uno de sus consiervos, que le debía cien denarios; y asiendo de él, le ahogaba, diciendo: Págame lo que me debes. Entonces su consiervo, postrándose a sus pies, le rogaba diciendo: Ten paciencia conmigo, y yo te lo pagaré todo. Mas él no quiso, sino fue y le echó en la cárcel, hasta que pagase la deuda. (Mateo 18.28-30)

Conducta incomprensible. Un perdón multimillonario debería producir un perdonador multimillonario, ¿no es lógico? El siervo perdonado puede perdonar una deuda ínfima, ¿o acaso no? Éste no lo hizo. Observa cómo no quiere dar ni siquiera un plazo (18.30). Se niega a perdonar. Pudo hacerlo ahí mismo. Debió hacerlo. El perdonado debería perdonar. Cabe preguntarse si este siervo verdaderamente aceptó el perdón del rey.

Algo falta en esta historia. Gratitud. En esta parábola es notoria la ausencia de gozo por parte del siervo perdonado. Como los nueve leprosos ingratos de quienes leímos en el capítulo anterior, este hombre nunca le dice «gracias» al rey. No ofrece palabras de aprecio, no entona ningún canto de celebración. Le han perdonado la vida, su familia ha sido puesta en libertad y su sentencia ha sido revocada. Su deuda titánica ha sido perdonada, y él no dice nada. Debería organizar un desfile al estilo del día de acción de gracias. Ruega misericordia como un estudiante al borde de ser expulsado de la universidad, pero tan pronto la recibe actúa como si nunca hubiera sacado calificaciones mediocres.

¿Podría su silencio ser el punto central y más elocuente de la parábola? «Aquel a quien se le perdona poco, poco ama» (Lucas 7.47). Al parecer, este hombre fue incapaz de amar pues optó por recibir muy poca gracia.

¿Sabes cómo definiría a este tipo? Un rechazador de la gracia. El hombre nunca acepta la gracia del rey. Sale del palacio con la mueca sagaz del que acaba de esquivar una bala, encontrando una grieta en el sistema y saliéndose con la suya. Con su lengua se salió del problema. Sus argumentos llevan la insignia de los no perdonados: Se rehúsa a perdonar.

Cuando el rey se entera de la tacañería de aquel siervo y la dureza de su corazón, se pronuncia con la impetuosidad de un ciclón:

> Entonces, llamándole su señor, le dijo: Siervo malvado, toda aquella deuda te perdoné, porque me rogaste. ¿No debías tú también tener misericordia de tu consiervo, como yo tuve misericordia de ti? Entonces su señor, enojado, le entregó a los verdugos, hasta que pagase todo lo que le debía. Así también mi Padre celestial hará con vosotros si no perdonáis de todo corazón cada uno a su hermano sus ofensas. (Mateo 18.32-35)

El telón cae tras el segundo acto y nos quedamos recapacitando en los principios de la historia. El más grande salta a la vista. *Los que reciben gracia, dan gracia.* La gente perdonada perdona a la gente. Los sumergidos en el remojo de la misericordia gotean pura misericordia. «Dios los trata con bondad, para que se arrepientan de su maldad» (Romanos 2.4 BLS).

No somos como la esposa que no ha cambiado. Antes de su conversión a Cristo, ella cantaleteaba, fastidiaba y regañaba a su esposo. Cuando se convirtió en cristiana, nada cambió. Siguió con la cantaleta. Hasta que él por fin le dijo: «No me importa que hayas nacido de nuevo. Sólo quisiera que no hubieras vuelto a nacer como eres».

De hecho, uno pone en duda el nuevo nacimiento de la esposa. Los manzanos dan manzanas, los trigales producen trigo y los perdonados perdonan. La gracia es el desarrollo natural de la gracia.

Los perdonados que no perdonan tienen asegurado un destino triste y pueden contar con una vida llena de muchos días malos y amargos: El «señor, enojado, le entregó a los verdugos, hasta que pagase todo lo que le debía» (Mateo 18.34).

Acapara heridas en tu corazón y anticipa el nivel de gozo de un campo de concentración siberiano. Un amigo compartió conmigo lo que le pasó a una abuela acaparadora. Como los hermanos Collyer, ella se negó a deshacerse de cualquiera de sus cosas. Su familia fue triste testigo de dos consecuencias terribles para ella: Perdió el sueño y perdió tesoros. No podía descansar porque tenía la cama cubierta de cachivaches. Y perdió tesoros porque no los podía encontrar bajo las montañas de basura. Joyas, fotografías y libros favoritos, todos estaban fuera del alcance.

Sin descanso. Sin tesoros. Repleta tu vida de dolores y espera lo mismo.

O más bien, ¡limpia tu casa y dale una nueva oportunidad al día!

«Pero, Max, el dolor es muy profundo».

Lo sé. Te quitaron demasiado. Tu inocencia, tu juventud, tu pensión. Pero, ¿por qué permitir que te sigan robando? ¿No se han llevado ya bastante? Rehusar el perdón es lo que los mantiene merodeando y desvalijando a la primera oportunidad que tengan.

«Pero Max, lo que hicieron fue terrible».

Seguro que lo fue. Perdonar no significa aprobar. No estás validando la mala conducta. Estás encomendando tu ofensor «al que juzga justamente» (1 Pedro 2.23).

«Pero Max, he tenido rabia tanto tiempo».

Y el perdón no vendrá de la noche a la mañana, pero sí puedes dar los primeros pasos en la dirección de la gracia. Perdona en fases. Deja de sentir asco al decir el nombre del causante. Empieza a orar por él o ella. Trata de entender su situación.

Permítete ser inspirado por Antwone Fisher, quien tenía razones suficientes para vivir con un corazón fastidiado. Durante los primeros treinta y tres años de su vida, no conoció a ninguno de sus padres. Su papá había muerto antes que naciera, y su madre, por razones que él anhelaba conocer, lo abandonó desde niño. Creció como niño desamparado en Cleveland donde fue maltratado y descuidado. Antwone estaba desesperado por encontrar a algún miembro de su familia.

La voz de su tía fue acogedora. «Tienes una familia grande», le dijo. Al poco tiempo otra tía lo invitó a Cleveland para una reunión el día de acción de gracias, y llenó su semana con toda una vida de amor aplazado.

Después, tras varios días de llamadas e intentos, su familia encontró al hermano de su mamá, quien se ofreció a llevar a Antwone al proyecto estatal de vivienda donde vivía. Durante el recorrido Antwone ensayó las preguntas que tanto había anhelado hacerle las últimas tres décadas:

¿Por qué no volviste por mí?

¿Nunca te preguntaste cuál habría sido mi suerte?

¿No te hice falta?

Pero las preguntas nunca se formularon. La puerta se abrió y Antwone entró a un apartamento mal iluminado con muebles descompuestos. Al levantar la mirada vio una mujer frágil que se veía demasiado anciana para ser su madre. Tenía el pelo desarreglado y estaba en ropa de dormir.

El tío de Antwone le dijo: «Te presento a Antwone Quenton Fisher». La madre de Antwone hizo la conexión y empezó a lamentarse, perdió el equilibrio y tuvo que apoyarse en una silla. «Oh Dios, por favor… oh Dios». Apartó la mirada con vergüenza y se apresuró a salir del cuarto, llorando.

Antwone se enteró de que su madre había tratado de conseguir un hombre que se casara con ella para que pudiera criar a su hijo, pero no pudo. Dio a luz cuatro hijos más que también crecieron bajo la tutela del estado. En el transcurso de los años había sido hospitalizada, encarcelada y puesta en libertad bajo palabra. Cuando él se dio cuenta de lo dolorosa que había sido su vida, optó por perdonar.

Esto es lo que escribió: «Aunque mi camino ha sido largo y difícil, he llegado a entender por fin que el de mi madre había sido más largo y más difícil… Allí donde el dolor del abandono se había arraigado en mi interior, ahora no había más que compasión».[8]

Al fin de cuentas, todos nosotros decidimos qué se arraiga en nuestro interior.

Ojalá optes por el perdón.

ÁNIMO PARA EL DÍA

Esta es la agenda de Dios para ti el día de hoy: Hacer que te parezcas más a Jesús.

Aquellos a quienes Dios llamó, «a los que antes conoció, también los predestinó para que fuesen hechos conformes a la imagen de su Hijo» (Romanos 8.29). ¿Ves lo que Dios está haciendo? Te está moldeando siguiendo las mismas líneas trazadas por la vida de Su Hijo.

Jesús no sintió culpa; Dios quiere que no sientas culpa.

Jesús no tenía malos hábitos; Dios quiere librarte de los tuyos.

Jesús enfrentó los temores con valor; Dios quiere que hagas lo mismo.

Jesús conocía la diferencia entre el bien y el mal; Dios quiere que también lo sepas.

Jesús sirvió a los demás y dio su vida por los perdidos; podemos seguir Su ejemplo.

Jesús lidió con la ansiedad de la muerte; tú también puedes.

El deseo de Dios, Su plan y meta última es hacerte conforme a la imagen de Cristo.

Sección 2

Encomienda tu día a Su cuidado

En uno de mis momentos no tan brillantes, entré a una carrera que empezaba con el cruce a nado de 1.95 kilómetros de océano. Seiscientos competidores nos congregamos en la playa al amanecer, algunos con la esperanza de ganarse una medalla. Yo esperaba terminar antes del atardecer. Seis boyas color naranja nos guiaban por el recorrido. Mis compañeros de natación me habían dicho cuál era la clave para mantenernos encauzados: Cada cuatro o cinco brazadas, sacar la cabeza del agua y verificar la ruta. Lo peor que puede pasar es desviarse del curso y nadar una distancia adicional.

Sonaba muy simple. Ejecuté el ejercicio de sacar la cabeza y verificar a perfección en la piscina. Pero el océano alborotado por el viento era otro cuento.

¿Mencioné lo alborotado del viento? Todos los nadadores tragamos saliva cuando la bandera encima de la boya se enderezó bajo la acción del viento que arreciaba. Las corrientes de aire estaban transformando la bahía en una serranía maciza de agua salada. Peor todavía, el viento soplaba en dirección sur mientras nadábamos hacia el norte. «No es problema», me dije a mí mismo como mi propio entrenador, «solo tienes que nadar de boya a boya».

En cuestión de minutos mi intrepidez de «boya a boya» se convirtió en «voy a voy a» perder la ruta. Este pececillo no tenía esperanza contra el océano. Cada vez que sacaba la cabeza para verificar la dirección, no veía más que la siguiente ola. Fue un desastre. Estoy seguro que estaba nadando en círculos.

De repente salieron a mi auxilio media docena de nadadores que me pasaron por encima. Al principio me sentí molesto, pero después entendí que ellos sí sabían por dónde iban, y me les uní. Fue mucho más fácil. Ya no tenía que buscar señales flotantes entre las olas, solamente quedarme con la pandilla. Así lo hice. Nos deslizamos por la bahía con la confianza de delfines y mantuvimos el ritmo durante unos diez minutos, cada brazada como un paso firme que nos acercaba cada vez más a la meta.

Luego mi mano golpeó la canoa de rescate. Me detuve y miré a uno de los encargados de la carrera. Uno por uno, mis nuevos amigos acuáticos se estrellaron contra mi espalda o el bote. Reinó la confusión.

«¿Para dónde van ustedes?», preguntó el tipo de la canoa. Por primera vez en un buen rato, decidí mirar a mi alrededor. Estábamos desviados por lo menos 500 metros de la carrera pero bien encaminados para llegar a China. Nos miramos los unos a los otros. Nadie lo dijo, pero sé que todos lo pensamos. Al menos yo lo pensé. *Supuse que ustedes sabían por dónde íbamos.*

Tantos nadadores no podíamos estar equivocados, ¿cierto? Sí, lo estábamos.

Un poco más avergonzados que molestos, nos dirigimos hacia tierra firme y retornamos al evento. Sé que no fui el último en salir del agua porque alcancé a ver a la nadadora que estaba detrás de mí.

¿Has tenido días como ese? Son días en los que de repente caes en cuenta que estás muy lejos de la meta o totalmente desfasado. Son los días en que Dios envía un bote de rescate. Jesús, quien está ubicado más arriba de las olas y disfruta una vista despejada de la costa, nos ofrece Su cuidado y supervisión: «¿Necesitas ayuda para volver al camino correcto?»

Sabios son los que asienten y nadan en la dirección que Él indique.

CAPÍTULO 5

Paz para los días ansiosos

Hagamos una lista. *Las ventajas de la ansiedad.* Tenemos tantas oportunidades para practicar. Tan solo mira la primera plana de cualquier periódico.

Yo lo hice. Empecé a preparar este capítulo el 11 de abril. A manera de prueba, busqué los titulares de aquel día que produjeran úlcera. No es un ejercicio que recomiendo. Un artículo describía una guerra al otro lado del mundo. En otro, los críticos cuestionaban la estrategia y las decisiones del presidente. Otros políticos exigían la renuncia de un líder militar. Una base militar en Asia fue atacada.

Como si los conflictos globales no fueran suficientes, abundaban las tragedias personales. Un coronel de cuarenta años había muerto de ataque al corazón una semana después de comprar la finca donde se iba a jubilar. Un vendedor se salió de la carretera en su automóvil y quedó gravemente lesionado. Otra reserva rural fue sacrificada en el altar del progreso cuando la ciudad expidió un permiso de construcción.

La preocupación produce gozo. Con el simple acto de preocuparnos, el cielo adquiere su tonalidad azul, sentimos ganas de dar un saltito al caminar y los pajaritos cantan. Una dosis de pavor le da sazón al día, ¿no es así? Por esa razón planeamos nuestras «vacaciones con preocupaciones». Otros salen de campamento, pesca, compras o paseo. Tú y yo planeamos siete días seguidos de preocupación.

Lunes: Nerviosismo por la economía.

Martes: Desasosiego por la carga laboral del año entrante.

Miércoles: Enumerar todas las enfermedades contagiosas a las que somos vulnerables.

Jueves: Considerar todas las razones por las que podríamos quedar sin empleo antes del fin de año.

Viernes: Calcular de cuántas maneras diferentes se puede morir en un avión.

Sábado: Imaginarse la vida después de un accidente automovilístico, y

Domingo: Poner por escrito todas nuestras características que repelen a la gente.

¿La principal? Nos preocupan todos los detalles insignificantes.

¿Tú no haces esto? ¿No te bronceas en las playas del Mar del Pavor? Discúlpame, parece que he confundido los términos. Preferimos vacaciones *libres* de preocupaciones, no *llenas* de preocupaciones. La preocupación es al gozo lo que una aspiradora Hoover es al polvo: No queda más remedio que conectar el corazón a un súper succionador de felicidad y prender el interruptor.

Sigamos pensando. Algún valor debe tener la ansiedad. Así arruine la salud y se robe el gozo, ¿no trae alguna bendición la preocupación? ¿Qué tal esta: *La preocupación soluciona nuestros problemas*? Administra a tus problemas una buena dosis de desvelo y los verás evaporarse. ¿Correcto?

Otra vez, incorrecto. ¿Recuerdas los titulares que cité? La guerra al otro lado del mundo. Sabotaje político. Problemas urbanos, ataques al corazón y accidentes vehiculares. Te di la fecha del periódico: 11 de abril. Pero me faltó mencionar el año de publicación: 1956. Se trataba de la guerra en Corea, el líder militar criticado era Douglas MacArthur. Por último, a nuestros padres y abuelos también les preocuparon asuntos como ataques al corazón, accidentes de tránsito y los desafíos de la urbanización.

La ansiedad de ellos no puso fin a los problemas. La nuestra tampoco lo hará. Seamos francos. La ansiedad no tiene una sola ventaja. Deteriora la salud, roba el gozo y no cambia nada.

Nuestros días no tienen esperanza contra los terroristas de la Tierra de la Ansiedad. Pero Cristo ofrece una bazuca contra la preocupación. ¿Te acuerdas cómo nos enseñó a orar? «El pan nuestro de cada día, dánoslo hoy» (Lucas 11.3).

Esta simple frase revela el plan de provisión de Dios: *Vivir un día a la vez*. Dios dejó ver la estrategia a Moisés y los israelitas en el desierto. El cielo entero sabía que la necesitaban. Los esclavos libertados habían convertido la ansiedad en una nueva disciplina artística. Uno pensaría que se dedicaban a dictar conferencias y seminarios sobre la fe. Habían sido testigos de las plagas, atravesaron el Mar Rojo sobre tierra seca y vieron a los soldados egipcios ahogarse. Habían contemplado milagro tras milagro, pero seguían preocupados: «Y toda la congregación de los hijos de Israel murmuró contra Moisés y Aarón en el desierto; y les decían los hijos de Israel: Ojalá hubiéramos muerto por mano de Jehová en la tierra de Egipto, cuando nos sentábamos a las ollas de carne, cuando comíamos pan hasta saciarnos; pues nos habéis sacado a este desierto para matar de hambre a toda esta multitud» (Éxodo 16.2-3).

Espera un momento. ¿Esta es la misma gente que los egipcios oprimían y golpeaban? ¿Los mismos hebreos que clamaron a Dios por su libertad? Y ahora, pasado apenas un mes de su liberación, hablan como si Egipto fuera una vacación remunerada.

¿Les falló la memoria? Se han olvidado de los milagros que vieron y la miseria que experimentaron.

La mente olvidadiza es terreno fértil para la ansiedad.

Por otro lado, Dios es paciente con la pérdida de memoria y envía recordatorios: «Y Jehová dijo a Moisés: He aquí yo os haré llover pan del cielo; y el pueblo saldrá, y recogerá diariamente la porción de un día, para que yo lo pruebe si anda en mi ley, o no. Mas en el sexto día prepararán para guardar el doble» (16.4-5).

Nota los detalles del plan de provisión de Dios.

Él satisface las necesidades diarias diariamente. Por la tarde las codornices cubrían el campamento y el maná aparecía como rocío y escarcha cada mañana. Carne para la cena. Pan dulce para el desayuno. La comida les llovía del cielo todos los días. No cada año ni cada mes ni cada hora, sino diariamente. Y hay más todavía.

Él satisface las necesidades diarias milagrosamente. Cuando la gente vio aquella cosa redonda y menuda sobre la tierra, «Y viéndolo los hijos de Israel, se dijeron unos a otros: ¿Qué es esto? porque no sabían qué era» (16.15).

El pueblo atolondrado llamó aquellos hojaldres *man-jú*, que en hebreo significa: «¿Qué es esto?» Dios tenía recursos que ellos desconocían por completo, soluciones más allá de su realidad, provisiones fuera de su marco de referencia de lo posible. Ellos vieron un desierto ardiente, Dios vio la canasta del pan del cielo. Ellos veían tierra seca, Dios veía una bandada de codornices detrás de cada matorral. Ellos veían problemas, Dios vio provisión.

La ansiedad se desvanece a medida que nuestro recuerdo de la bondad de Dios permanezca intacto.

Cuando mis tres hijas tenían menos de diez años (dos, cinco y siete), yo las maravillé con un milagro. Les conté la historia de

Moisés y el maná y las invité a seguirme en un viaje por el desierto alrededor de la casa.

«Quién sabe», sugerí, «de pronto vuelve a caer maná del cielo».

Nos vestimos con sábanas y sandalias para recorrer las habitaciones como si fuéramos beduinos. Las niñas, siguiendo mis instrucciones, se quejaron conmigo, Moisés, de tener mucha hambre, y exigieron que las llevara de vuelta a Egipto, o por lo menos a la cocina. Cuando entramos a la sala, las insté a dramatizar sus papeles de quejarse, lamentarse, lloriquear y rogar comida.

«Miren arriba», urgí, «el maná podría caer en cualquier momento».

Sara a sus dos añitos no lo cuestionaba, pero Jenna y Andrea tenían sus dudas. ¿Cómo puede caer maná del cielo raso?

Igual que los hebreos. ¿Cómo puede Dios alimentarnos en el desierto?

¿Igual que tú? Miras las exigencias de mañana, las cuentas de la próxima semana, el calendario silencioso del mes entrante. Tu futuro se ve tan árido como el desierto del Sinaí. «¿Cómo puedo enfrentar mi futuro». Dios te dice lo que yo dije a mis hijas: «Levanta la mirada».

Cuando mis hijas lo hicieron, ¡cayó el maná! Bueno, no era maná sino galletas de vainilla que dejé caer del cielo raso y aterrizaron en la alfombra. Sara pegó un grito de puro deleite y se puso a comer las galletas. Jenna y Andrea me pidieron una explicación.

Mi respuesta fue simple. Yo conocía el itinerario. Sabía que íbamos a entrar a esa parte de la casa. Las galletas de vainilla caben justo en las aspas del ventilador que cuelga del techo, y yo las había puesto allí por adelantado. Cuando ellas se quejaron y lamentaron, yo encendí el ventilador.

La respuesta de Dios a los hebreos fue similar. ¿Conocía Dios el itinerario del pueblo? ¿Sabía que les daría mucha hambre? Sí y sí. En el momento indicado, Él ladeó la canasta de maná en dirección a la tierra.

¿Y qué de ti? Dios sabe qué necesitas y dónde estarás. ¿Será que ya puso unas galletas de vainilla en las aspas del ventilador de mañana? Confía en Él. «Mas buscad primeramente el reino de Dios y su justicia, y todas estas cosas os serán añadidas. Así que, no os afanéis por el día de mañana, porque el día de mañana traerá su afán. Basta a cada día su propio mal» (Mateo 6.33-34).

La palabra griega que significa preocupación es *merimnao* y se deriva del verbo *merizo* (dividir) y el sustantivo *nous* (mente). La preocupación parte en dos la mente y fragmenta nuestros pensamientos entre hoy y mañana. El hoy no tiene ninguna posibilidad contra el mañana. Preocuparse por los problemas de mañana es como echar por un tubo las fuerzas que necesitas para el aquí y ahora, dejándote anémico y débil.

La preocupación da sombras grandes a los problemas pequeños. Montaigne dijo: «Mi vida ha estado llena de terribles infortunios, la mayoría de los cuales nunca sucedieron».[10] Corrie ten Boom comentó: «La preocupación no resta al mañana sus tristezas, pero sí le quita al hoy su fortaleza».[11] La preocupación erosiona nuestra vida, nos hace daño, y lo más triste de todo, deshonra a Dios.

Dios dice que cada detalle de nuestras vidas tiene propósito si le amamos: «Y sabemos que a los que aman a Dios, todas las cosas les ayudan a bien» (Romanos 8.28).

La preocupación ve catástrofes y clama: «Este cuento se acabó».

La Palabra de Dios dice en cambio: «Bien lo ha hecho todo» (Marcos 7.37).

La preocupación refuta: «Es un mundo de locos».

La Palabra de Dios llama a Dios «el bienaventurado y solo Soberano» (1 Timoteo 6.15), Aquel quien está en control de todas las cosas.

La preocupación pone en duda que alguien tenga el control.

La Palabra de Dios declara: «Mi Dios, pues, suplirá todo lo que os falta» (Filipenses 4.19).

La preocupación susurra esta mentira: «Dios no sabe qué es lo que yo necesito».

La Palabra de Dios razona: «Pues si vosotros, siendo malos, sabéis dar buenas dádivas a vuestros hijos, ¿cuánto más vuestro Padre que está en los cielos dará buenas cosas a los que le pidan?» (Mateo 7.11).

La preocupación desoye y contesta: «Arréglate como puedas. Estás solo contra el mundo».

La preocupación libra guerra contra tu fe. Tú lo sabes. Detestas preocuparte. ¿Pero qué puedes hacer para despreocuparte? Estas tres barreras a la preocupación merecen ser consideradas seriamente:

Orar más. Nadie puede orar y preocuparse al mismo tiempo. Cuando nos preocupamos, no estamos orando. Cuando oramos, no nos preocupamos. «Tú guardarás en completa paz a aquel cuyo pensamiento en ti persevera; porque en ti ha confiado» (Isaías 26.3).

Cuando oras arraigas tu mente en Cristo y el resultado es paz. Dobla tus rodillas y desterrarás la ansiedad.

Desear menos. Casi toda nuestra ansiedad se deriva, no de lo que necesitamos sino de lo que apetecemos. Como escribió Charles Spurgeon hace más de un siglo:

Suficiente para hoy es todo lo que podemos disfrutar. No podemos comer ni beber ni vestirnos más que la provisión diaria de alimento y vestido. El excedente nos incurre el cuidado de almacenarlo y la ansiedad de que alguien pueda robarlo. Un bastón asiste al viajero, un montón de palos es una carga pesada. Lo suficiente es tan bueno como un banquete y más de lo que puede disfrutar el glotón. Suficiente es todo lo que deberíamos esperar, porque apetecer más que eso es ingratitud. Cuando nuestro Padre no te dé más, conténtate con tu porción diaria.[12]

«Regocijaos en el Señor siempre. Otra vez digo: ¡Regocijaos!» (Filipenses 4.4). Si Dios es suficiente para ti, siempre tendrás suficiente porque siempre tendrás a Dios.

Vivir para hoy. El cielo todavía tiene su casa del pan y las codornices siguen escondidas entre los matorrales. Tú también cuentas todavía con el día de hoy. No lo sacrifiques sobre el altar de la ansiedad. «Vive únicamente para la hora y su trabajo correspondiente... Dedícate con tesón a la tarea que tengas cerca... nuestro deber inmediato no es ver lo que se divisa tenuemente en el horizonte sino lo que se ve claramente a la mano».[13]

¿Me permites instarte a hacer lo mismo? «Acerquémonos, pues, confiadamente al trono de la gracia, para alcanzar misericordia y hallar gracia para *el oportuno socorro*» (Hebreos 4.16, cursivas mías).

Algunos de mis amigos vieron un ejemplo de cuán perfectamente oportuno es el socorro de Dios durante un viaje a Natal en Brasil. Estaban a cargo de un seminario para niños en una congregación hermosa llamada Refugio da Graça. La iglesia está situada a cinco minutos de un puente alto donde se han cometido muchos intentos de suicidio. Son tantas las personas que han perdido la vida saltando de esa estructura, que la iglesia realizó una vigilia de oración específicamente por el puente. Sus oraciones vieron fruto cuando mis amigos pasaban en el instante mismo que una mujer estaba a punto de saltar. Ya se había subido a la baranda y estaba a un paso de la muerte. Con mucha persuasión y esfuerzo, la convencieron de alejarse del precipicio y salvaron su vida.

Lo asombroso es que el plan original de ellos no era atravesar el puente a pie. Habían acabado de almorzar en un restaurante y necesitaban regresar a la iglesia para la sesión de la tarde, pero la persona que tenía que pasar a recogerlos se había atrasado y ellos optaron por caminar. Su anfitrión llegó tarde, pero Dios se hizo presente justo a tiempo.

Lo asombroso es que el plan original de ellos no era atravesar el puente a pie. Habían acabado de almorzar en un restaurante y necesitaban regresar a la iglesia para la sesión de la tarde, pero la persona que tenía que pasar a recogerlos se había atrasado y ellos optaron por caminar. Su anfitrión llegó tarde, pero Dios se hizo presente justo a tiempo.

¿Acaso Él no llega siempre a tiempo? Él envía ayuda en la hora de nuestra necesidad.

Tú no tienes sabiduría para los problemas de mañana. Pero la tendrás mañana. No tienes recursos para las necesidades de mañana. Pero mañana los tendrás. No tienes valor para los retos de mañana. Pero cuando venga mañana, lo tendrás.

Lo que sí tienes es maná para la mañana y codornices para la tarde: Pan y carne para el día. Dios satisface necesidades diarias cotidiana y milagrosamente. Lo hizo entonces, lo sigue haciendo y lo hará por ti.

ÁNIMO PARA EL DÍA

Un atleta destacado de la triatlón me contó el secreto de su éxito: «Aguantas las carreras largas si corres carreras cortas». No nades 5 kilómetros, tan solo nada hasta la próxima boya. En lugar de pedalear 180 kilómetros, recorre 10 y date un respiro, luego pedalea otros 10 y haz lo mismo. Nunca te exijas más que el reto que tengas a la mano.

¿Acaso Jesús no ofreció el mismo consejo? «Así que, no os afanéis por el día de mañana, porque el día de mañana traerá su afán. Basta a cada día su propio mal» (Mateo 6.34).

Cuando le preguntaron cómo se las arreglaba para escribir tantos libros, Joel Henderson explicó que nunca había escrito un libro. Todo lo que hacía era escribir una página al día.[14] Ningún alcohólico puede llevar una vida sobria, pero sí puede vivir un día de sobriedad. No puedes controlar tu genio para siempre, pero sí puedes controlarlo durante la siguiente hora. Ganarse un título universitario puede parecer imposible, pero estudiar un semestre es manejable y tener una semana productiva es posible. Para durar en una carrera larga hay que correr las cortas.

CAPÍTULO 6

Esperanza para los días catastróficos

Vanderlei de Lima. Es un tipo menudo como un suspiro. Con 1.65 metros de estatura, es más bajito que algunos chicos que cursan primaria. Pesa 54 Kg. y seguramente puede conseguir algún descuento en pasajes aéreos. Pero no te dejes engañar por el porte de este brasileño. Su cuerpo puede ser pequeño, pero su corazón es más grande que el estadio olímpico de Atenas. Allí fue donde recibió la medalla de bronce por la maratón del 2004.

Debió haberse ganado la de oro. Iba en punta de carrera a 4.8 Km. de la meta cuando un espectador le pisó los talones. Era un irlandés alocado que había estado en la cárcel el año anterior por meterse a la pista de caballos del Grand Prix en Inglaterra. Se abalanzó sobre el corredor y lo mandó contra la multitud. Aunque estaba aturdido y sobresaltado, de Lima se recuperó y reanudó la carrera. En el proceso perdió su ritmo, unos valiosos segundos y su liderato.

Pero nunca perdió el gozo. Este brasileño pequeño de gran corazón entró al viejo estadio de mármol con el entusiasmo de un niño. Lanzó puñetazos de júbilo al aire, luego corrió con los brazos extendidos como un avión humano buscando pista para aterrizar, con una alegría contagiosa.

Más tarde, coronado con una diadema de olivo y adornado con una joya de sonrisa, explicó la razón de su regodeo: «Es una ocasión festiva. Es un momento único. La mayoría de atletas nunca tienen un momento como éste».

Sí, pero la mayoría de atletas tampoco son sacados a empellones de su ruta.

Vanderlei de Lima nunca se quejó. «El espíritu olímpico prevaleció nuevamente... fui capaz de lucir la medalla por mí y por mi país».[15]

Le estoy tomando apuntes a este tipo. Me pregunto cómo se las arregló de Lima para mantener esa actitud. Todavía hay saboteadores de carreras entre la multitud de espectadores. No tienes que correr una maratón para pasar del frente del pelotón al fondo del batallón. Sólo tienes que preguntarles a los niños que se reúnen alrededor de la tumba de su mamá, o a los pacientes que esperan su turno para el tratamiento de cáncer. Cementerio. Quimioterapia. Al cónyuge que se va de la casa. Al soldado que regresa sin alguna extremidad, a los padres de la hija que huyó del hogar, a la familia que se quedó sin casa después del huracán.

La vida se descarriló trágicamente. ¿Cómo vuelves a la carrera?

Consideremos a otro corredor para darnos una idea. Quiero que te fijes en él. Asómate por la ventanita en la pared de la cárcel romana. ¿Ves aquel hombre en cadenas? ¿Aquel tipo envejecido con los hombros caídos y la nariz arqueada? Es Pablo, el apóstol encarcelado. Nunca le quitan las cadenas. Los guardias lo vigilan todo el tiempo y él se pregunta cuándo será puesto en libertad.

Lo descarrilaron en la carrera. Los problemas empezaron un par de años atrás en Jerusalén. Aunque Pablo hizo todo lo posible por apaciguar los escrupulosos judíos, fue acusado de blasfemia por líderes religiosos que estuvieron a punto de matarlo, y luego lo mandaron a la cárcel injustamente. Su nombre fue avergonzado, sus derechos fueron violados y sus planes fueron entorpecidos.

Su ciudadanía romana le salvó el pellejo. Con derecho a una audiencia romana, se desplazó de Jerusalén a Roma. No fue un crucero mediterráneo. Pablo sobrevivió un huracán para luego ser mordido por una culebra en cuya isla quedó a la deriva durante tres meses. Cuando finalmente fue llevado a Roma, su caso languideció durante dos años en los recesos del monstruo burocrático que hoy conocemos como imperio romano.

Encontramos ahora a Pablo en su celda tras haber sido apaleado, vituperado, atormentado, rechazado y abandonado.

Ah, pero al menos tiene a la iglesia. Al menos puede consolarse pensando en la congregación romana unificada que tanto ayudó a fortalecer, ¿no es así? A duras penas. La iglesia en Roma está en problemas. Desde su celda oscura el apóstol escribe: «Algunos, a la verdad, predican a Cristo por envidia y contienda... anuncian a Cristo por contención, no sinceramente, pensando añadir aflicción a mis prisiones» (Filipenses 1.15-16).

El ministerio es peleado por predicadores hambrientos de poder. Uno esperaría esas tácticas de no creyentes, ¿pero cristianos que predican por ganancia personal? Pablo se enfrenta a problemas que ameritan un tratamiento intensivo con Prozac.

Además, ¿quién sabe qué hará el emperador Nerón? Este hombre sirve cristianos de almuerzo a los leones del coliseo. ¿Tiene Pablo alguna garantía de que no vaya a sucederle lo mismo? Su selección de palabras en su epístola de prisión indica que no es así: «o por vida o por muerte» (1.20). Y dice a continuación: «el morir es ganancia» (1.21). Pablo no es ingenuo. Él sabe que lo único que lo separa de la muerte es un asentimiento de cabeza por parte del antojadizo Nerón.

Pablo tiene un sinnúmero de razones para caer presa de la ansiedad.

Tú también. Al igual que Pablo te han sacado del camino y estás encarcelado en la suma total de tus malas rachas. Cada ladrillo es una adversidad. Cada barrote un mal negocio. Y encadenado a tu lado no hay un guardia romano sino una tropa diligente de Lucifer cuya única misión es revolver la sopa amarga de compadecerse a sí mismo. «Mira todas las cosas malas que te han sucedido». Parece estar en lo cierto. Nadie cuestiona el hecho de tus infortunios, pero es más sabio cuestionar la prudencia de revivirlos.

Pablo opta por algo distinto. En lugar de ponerse a contar los ladrillos de su prisión, siembra un huerto en su interior. Elabora una lista detallada, no de los maltratos de la gente sino de la fidelidad de Dios.

«Quiero que sepáis, hermanos» (Filipenses 1.12). Esta frase es como si Pablo usara un resaltador en el párrafo. La usa en otros lugares para llamar la atención sobre el mensaje que quiere comunicar.[16] En este caso, es muy importante que los filipenses sepan «que las cosas que me han sucedido, han redundado más bien para el progreso del evangelio» (1.12).

¿Has perdido alguna vez la voz pero no la salud? Suenas ronco pero ya no te sientes enfermo. Tus amigos se solidarizan con tu achaque y cuando se acercan para tratar de oír les dices: «En realidad me siento bien. Parezco estar enfermo, pero en realidad...»

Pablo está diciendo lo mismo. Tal vez parezca descarrilado, pero en realidad va directo al blanco. ¿Por qué? Una razón. Cristo está siendo predicado. La misión se está cumpliendo. «Mis prisiones se han hecho patentes en Cristo en todo el pretorio, y a todos los demás» (1.13).

El pretorio estaba compuesto por guardias selectos de las tropas imperiales más destacadas. Recibían salario doble y beneficios adicionales. Eran la crema y nata, y en la soberanía de Dios, la crema y nata del César está encadenada a la crema y nata de Dios. ¿Cuánto tiempo pasó antes que Pablo se diera cuenta de lo que estaba sucediendo? ¿Cuándo miró Pablo sus cadenas, vio al soldado condecorado que tenía al lado, y procedió a mandar una sonrisa conocedora al cielo? *Veo, veo. Un oyente cautivo.* Se inclina hacia el soldado. «¿Tienes un minuto para hablar?» O, «¿podrías revisar la ortografía de esta carta que escribo?» O, «¿puedo contarte acerca de un carpintero judío que conozco?»

Sus palabras dan en el blanco. Fíjate en esta línea la bendición a los filipenses: «Todos los santos os saludan, y especialmente los de la casa de César» (4.22).

El hombre podrá estar maniatado, mas no así el mensaje. La prisión de Pablo se convierte en el púlpito de Pablo, y él no tiene problema con eso. Cualquier método es correcto mientras Cristo sea predicado.

Y cualquier motivo es correcto siempre y cuando Cristo sea predicado. ¿Recuerdas el problema con los predicadores? «Algunos, a la verdad, predican a Cristo por envidia y contienda... por contención, no sinceramente»; Pablo dice además que lo hacen «pensando añadir aflicción a mis prisiones» (1.15-16).

¿Quiénes son estos predicadores? Gente con lengua de cuchillo experta en armar pleitos. La clase de personas que podrían ocasionarle úlceras estomacales a Pablo en la cárcel.

Pero no fue así. A Pablo no le preocupan esos predicadores, está agradecido por ellos: «¿Qué, pues? Que no obstante, de todas maneras, o por pretexto o por verdad, Cristo es anunciado (1.18).

Pocos pasajes en las Escrituras están recalcados con tanta fe. Pablo demuestra una confianza absoluta en la supervisión y el cuidado de Dios. ¿Qué importa si alguien predica por motivos mezquinos? ¿No es Dios más grande que los suyos? Él está por encima de los malos predicadores. El poder radica en la mano del autor, no en el lápiz que utilice.

Sabiendo esto, Pablo puede escribir desde aquella celda fría: «Y en esto me gozo, y me gozaré aún» (1.18).

Arrestado injustamente. Tratado cruelmente. Un futuro incierto. No obstante, gozo desmedido, inefable.

Descarrilado pero todavía en la carrera. ¿Cómo lo logró? Podemos resumir todas las razones en una palabra y reducir todas las respuestas a un simple verbo. Todas las explicaciones se destilan en una sola decisión. ¿Cuál es la palabra, el verbo y la decisión?

Confianza.

Pablo confió en el cuidado de Dios. No sabía por qué sucedían cosas malas ni sabía cómo se resolverían los problemas. Pero sabía quién estaba en control y a cargo de la situación.

Saber quién está a cargo es el contrapeso perfecto al misterio del porqué y cómo. Esto es lo que descubrió un judío húngaro a quien conocí en Jerusalén.

José no cuadraba con el prototipo de un encargado de dar la bienvenida. No olía bien. Su barba salpicada de blanco parecía llegarle a la cintura. Un gorro de lana contenía su pelo grueso. Había perdido más dientes de los que le quedaban. Otras iglesias habrían puesto a otra persona en la puerta frontal de la iglesia, pero la congregación de Netivya no lo hizo. Ellos conocían su historia y les encantaba relatarla.

Durante el tiempo en que Hitler devastó Europa oriental décadas atrás, José fue capturado y apresado en un campo de concentración. Mientras era conducido junto a otros cientos a prisión, vio un libro en el bolsillo de un judío muerto que yacía junto a la carretera. Lo agarró y lo escondió, hasta que se dio cuenta más tarde que era el Nuevo Testamento. Pudo leerlo casi todo antes que un guardia en el campamento se lo quitara.

Tras varios meses de horrores inconcebibles, escapó y sobrevivió durante dos años en la selva. En cierta ocasión el hambre y el frío lo forzaron a tocar en la puerta de una granja en busca de comida, sin saber que había una fiesta nazi adentro.

El oficial nazi que abrió la puerta supo de inmediato que José era un prisionero que se había escapado. Salió al pórtico y cerró la puerta tras él. «¿Sabes quién soy?»

José estaba tan débil que apenas pudo decir: «Tengo hambre».

El soldado puso una pistola en la cabeza de José. «¿Sabes qué podría hacerte?»

José contestó mansamente: «Tengo hambre».

Después de un rato que pareció una eternidad, el alemán puso su pistola en la funda. «Hitler esta a mil kilómetros de aquí y nunca se enterará de lo que yo haga». Entró a la casa y regresó con un cesto lleno de comida.

José sabía que alguien lo estaba protegiendo.

Después de la guerra se las arregló para llegar a Israel. La crueldad lo había afectado mucho, tenía dificultad para comer, sostener una conversación y mantener un empleo. En muchos sentidos, se alienó de la civilización. A comienzos de los sesenta, José iba por una carretera y un ministro cristiano llamado Joe Shulam lo recogió en su vehículo. Cuando José vio el Nuevo Testamento junto al parabrisas, se acordó del que había metido de contrabando en el campo de concentración y pidió al ministro que le contara acerca de Jesús. Dijo que no saldría del carro hasta haber oído la historia completa. El ministro cumplió gustoso con la demanda y José cayó en cuenta que Jesús fue quien inclinó el corazón del oficial nazi en aquella granja años atrás.

José decidió seguir a Cristo. Shulam lo llevó a la iglesia y José nunca volvió a irse. Pasó el resto de sus días bajo el cuidado de la congregación, saludando a los invitados y escribiendo cartas a cristianos alrededor del mundo.

José, como el apóstol Pablo, vivió en una prisión de infortunios, y al igual que Pablo, convirtió su celda en un comisariato de la esperanza. No es fácil encontrar gozo en la cárcel. No es fácil hacer lo mejor de una vida descarrilada. Pero Dios envía suficientes historias como las de Pablo y José para convencernos de intentarlo.

Hace más de cien años en Inglaterra, el vecindario de West Stanley fue testigo de una gran tragedia. Se derrumbó una mina y mató a muchos de los trabajadores, dejando atrapados a muchos otros. Al obispo de Durham, Dr. Handley Moule, le pidieron que trajera una palabra de ánimo a los dolientes. Parado a la entrada de la mina, él dijo: «Para nosotros es muy difícil entender por qué Dios permitiría un desastre tan terrible, pero lo conocemos y confiamos en Él, y todo va a estar bien. En mi casa tengo un viejo marcador de lectura que mi madre me dio. Está elaborado en seda, y cuando examino la parte de atrás lo único que veo es un montón de nudos e hilos enredados que parece un artículo defectuoso y de mal aspecto. Pero cuando lo volteo y lo miro por el lado correcto, veo allí mismo, bellamente bordadas, las palabras que dicen: DIOS ES AMOR».

«Hoy vemos lo sucedido» continuó, «desde el reverso. Algún día lo veremos desde otro punto de vista, y entenderemos».[17]

Sin lugar a dudas así será. Hasta entonces, podemos enfocarnos menos en los hilos enredados y más en la mano del tejedor. Aprende una lección de Vanderlei de Lima: No dejes que los obstáculos en la carrera te impidan disfrutar la ceremonia de premiación al final.

ÁNIMO PARA EL DÍA

¿DÓNDE ESTÁ TU MENTE EN TUS DÍAS DIFÍCILES? DURANTE AQUEL VIERNES DE SUFRIMIENTO ABSOLUTO, JESÚS HABLÓ EN TRECE OCASIONES. DIEZ DE SUS COMENTARIOS FUERON DIRIGIDOS A DIOS O ACERCA DE DIOS. CASI EL OCHENTA POR CIENTO DE SUS PALABRAS TENÍAN ORIENTACIÓN CELESTIAL. JESÚS HABLÓ CON DIOS O ACERCA DE DIOS TODO EL DÍA.

LA PRÓXIMA VEZ QUE ATRAVIESES POR UNA RACHA DE VIERNES, HAZ LOS CÁLCULOS. ¿CONSUME DIOS EL OCHENTA POR CIENTO DE TUS PENSAMIENTOS? ÉL ASÍ LO QUIERE. PUEDES SOPORTAR EL CAMBIO MEDITANDO EN SU PERMANENCIA. SOBREVIVIR EL RECHAZO REFLEXIONANDO EN SU ACEPTACIÓN. CUANDO LA SALUD TE FALLE O LOS PROBLEMAS TE AGOBIEN, ¡DATE UN DESCANSO DE ELLOS! «PONED LA MIRA EN LAS COSAS DE ARRIBA, NO EN LAS DE LA TIERRA» (COLOSENSES 3.2). NO TE ARRASTRES POR EL SUELO DE LOS AFANES, MANTENTE ALERTA A TODO LO RELACIONADO CON CRISTO, AHÍ ES DONDE ESTÁ TODA LA ACCIÓN.

SIGUE LA RESOLUCIÓN DE PABLO: «NO MIRANDO NOSOTROS LAS COSAS QUE SE VEN, SINO LAS QUE NO SE VEN; PUES LAS COSAS QUE SE VEN SON TEMPORALES, PERO LAS QUE NO SE VEN SON ETERNAS» (2 CORINTIOS 4.18). CRISTO PUEDE CONVERTIR TUS DÍAS MÁS DIFÍCILES EN UN DOMINGO DE RESURRECCIÓN.

CAPÍTULO 7

Combustible para los días vacíos

Si de repente ves a un hombre que camina junto a la carretera llevando un tanque de emergencia vacío, quítate el sombrero para mostrar respeto. El funeral va por dentro.

Las mujeres ven el tanque de gasolina vacío como un inconveniente menor. Los hombres lo ven como el fracaso más grande. A nosotros nos dieron las llaves del carro por primera vez con estas palabras: «Asegúrate de echarle gasolina». Desde ese momento quedó establecido el principio: Mantén tu máquina en buen estado.

Todas las demás medidas y criterios de hombría palidecen en comparación. No importa si puedes transplantar un corazón o ganar el pentatlón. Si no puedes mantener gasolina en el tanque, eres el más digno de lástima de todos los hombres. Hasta Schwarzenegger chilla al sentir el corcoveo del carro cuando chupa la última gota. Esos momentos quedan grabados indeleblemente en la memoria masculina.

Son recuerdos que yo tengo muy presentes. En los días cuando las chicas Lucado no tenían licencias de conducir, yo servía como su chofer en las mañanas. Un día entrábamos al estacionamiento de la escuela cuando al carro le dio hipo. Miré la aguja del combustible y estaba por debajo de la última raya. Como no quería que mis hijas vieran llorar a su padre, las insté a apurarse a ir a sus clases. Fue uno de mis gestos más nobles.

Luego procedí a resolver el problema del tanque vacío. Empecé por concentrarme mucho mientras miraba la aguja, esperando que se moviera. No funcionó. Luego culpé a mis padres por haberme enseñado demasiado temprano a ir solo al baño. Seguía sin combustible. Negar el problema fue mi siguiente método. Metí el cambio y pisé el acelerador como si el tanque estuviera lleno. El carro no se movió ni un milímetro.

¿Métodos extraños, dirás? ¿Qué haces tú cuando te quedas sin gasolina? Tal vez no agotes tu combustible, pero a todos nosotros se nos agota algo en algún momento. De pronto necesitas bondad pero el tanque está vacío. Necesitas esperanza, pero la aguja se pasó de la raya roja. Necesitas cinco galones de soluciones pero te quedan dos gotas. Cuando quedas exhausto antes que se acabe el día, ¿qué haces? ¿Te quedas mirando el indicador del tablero? ¿Le echas la culpa a tu crianza? ¿Niegas el problema?

No. La lástima no va a encender el auto. Las quejas no sirven de combustible. La negación no mueve la aguja. En el caso de un tanque vacío, hemos aprendido la lección: Hay que llevar el carro a una estación *cuanto antes*. Sin embargo, en el caso de un matrimonio vacío, una vida o un corazón vacío, tendemos a cometer el mismo error de los discípulos.

A ellos no se les acabó la gasolina sino la comida. Cinco mil hombres y sus familias rodean a Jesús. Les está dando hambre y los discípulos empiezan a desesperarse. «Cuando ya era muy avanzada la hora, sus discípulos se acercaron a él, diciendo: El lugar es desierto, y la hora ya muy avanzada» (Marcos 6.35).

Sus discípulos se acercaron a Él. Estas seis palabras implican que ellos habían formado un comité en el que convinieron y dieron por cerrada la discusión, todo en ausencia de Jesús. Los discípulos no consultaron a su líder, solamente describieron los problemas y le dijeron qué hacer.

Problema número uno: Ubicación. «El lugar es desierto» y nadie vive aquí.

Problema número dos: Tiempo. «Ya era muy avanzada la hora».

Problema número tres: Presupuesto. En un pasaje paralelo, Felipe que era el diácono a cargo de las finanzas saca una representación gráfica de sus cálculos: «Doscientos denarios de pan no bastarían para que cada uno de ellos tomase un poco» (Juan 6.7). Es decir, todos tendrían que trabajar un mes entero para cubrir el costo de la alimentación mínima.

¿Detectas cierta actitud tras esas frases? «El lugar es desierto». (¿Quién eligió este escenario?) «La hora [es] ya muy avanzada». (Al que predicó se le olvidó mirar el reloj.) «Doscientos denarios de pan». (¿Por qué a esta gente no se le ocurrió traer su propia comida?) La frustración de los discípulos está a un centímetro de la irreverencia total. En lugar de *preguntarle* a Jesús qué hacer, ellos *se lo dicen* a Jesús. «Despídelos para que vayan a los campos y aldeas de alrededor, y compren pan, pues no tienen qué comer» (Marcos 6.36). Los discípulos mandan a Jesús decirle a la gente que se pierdan.

No son sus momentos más lúcidos. ¿Acaso no sabían portarse mejor? No es el primer problema que han visto a Jesús enfrentar o resolver. Devuelve la cinta y haz una lista de los milagros que han visto con sus propios ojos. Agua convertida en vino, un niño sanado en Capernaum, un bote repleto de peces en Galilea. Han visto a Jesús levantar una niña de entre los muertos, expulsar al menos un demonio, sanar varios paralíticos y una suegra. Han visto a Jesús calmar una tormenta, resucitar al hijo de una viuda y detener una hemorragia de doce años. Sus sanidades fueron tan pasmosas que estas son las frases con que se describen en tu Biblia:

Y sanó a muchos que estaban enfermos de diversas enfermedades, y echó fuera muchos demonios. (Marcos 1.34)

Y recorrió Jesús toda Galilea… y sanando toda enfermedad y toda dolencia en el pueblo… le trajeron todos los que tenían dolencias, los afligidos por diversas enfermedades y tormentos, los endemoniados, lunáticos y paralíticos; y los sanó. (Mateo 4.23-24)

Y toda la gente procuraba tocarle, porque poder salía de él y sanaba a todos. (Lucas 6.19)

Son discípulos veteranos los que han visto a Jesús en acción. El país entero ha visto a Jesús en acción. Él ha ganado fama nacional por hacer lo imposible, ¿y acaso los discípulos piden Su opinión? ¿Se le ocurre a alguien en el comité preguntarle al hombre de los milagros qué hacer? ¿Acaso Juan, Pedro o Jacobo levantan la mano y dicen: «Compañeros, tengo una idea, vamos a preguntarle qué hacer al que calmó la tormenta y levantó a los muertos, quizá tenga una sugerencia»?

Nota por favor que el error de los discípulos no es que hayan calculado el problema sino que hicieron cálculos sin contar con Cristo. Como no le dieron oportunidad a Jesús, tampoco le dieron oportunidad a su día. Tenían una mesa reservada para doce en el Restaurante del Día Podrido.

¡Cuán innecesario! Si tu papá fuera Bill Gates y tu computadora se dañara, ¿dónde acudirías? Si Stradivarius fuera tu papá y la cuerda de tu violín se rompiera, ¿a quién pedirías ayuda? Si tu papá es Dios y tienes un problema entre manos, ¿qué haces?

Las Escrituras nos dicen qué hacer:

¿Es tu problema demasiado grande? «[Dios] es poderoso para hacer todas las cosas mucho más abundantemente de lo que pedimos o entendemos» (Efesios 3.20).

¿Es tu necesidad demasiado imperiosa? «Poderoso es Dios para hacer que abunde en vosotros toda gracia» (2 Corintios 9.8).

¿Es tu tentación demasiado severa? «[Dios] es poderoso para socorrer a los que son tentados» (Hebreos 2.18).

¿Son tus pecados demasiado numerosos? «[Jesús] puede también salvar perpetuamente a los que por él se acercan a Dios» (Hebreos 7.25).

¿Es tu futuro demasiado abrumador? «[Dios] es poderoso para guardaros sin caída, y presentaros sin mancha delante de su gloria con gran alegría» (Judas 24).

¿Es tu enemigo demasiado fuerte? «[Dios] puede también sujetar a sí mismo todas las cosas» (Filipenses 3.21).

Incluye estos versículos en tu dieta diaria. Dios es poderoso para hacer, abundar, socorrer, salvar, guardar, sujetar, etc. Él es poderoso para hacer lo que tú no puedes. Él ya tiene un plan. La Biblia dice que Jesús ya «sabía lo que había de hacer» con la multitud hambrienta (Juan 6.6). A Dios nada lo toma por sorpresa. Acude a Él.

Mi primer pensamiento cuando me quedó el tanque vacío fue: *¿Cómo puedo llevar este carro a una estación de gasolina?* Tu primer pensamiento cuando tengas un problema debería ser: *¿Cómo pue-do llevarle este problema a Jesús?*

Ahora vamos a lo práctico. Tú y tu cónyuge están a punto de pelear por algún asunto. La tormenta se avecina. La temperatura baja y se ven rayos en la distancia. Ambos necesitan paciencia, pero ambos tienen el tanque vacío. ¿Qué tal si uno de ustedes dice «receso»? ¿Qué tal si uno de ustedes dice: «Hablemos con Jesús antes de decirnos una sola palabra el uno al otro; mejor dicho, hablemos con Jesús hasta que podamos hablar entre nosotros»? No tendría por qué hacer daño. Después de todo, Dios fue el que hizo caer el muro de Jericó. Quizá pueda hacer lo mismo por ustedes.

Otro ejemplo: Un compañero de trabajo se equivoca de nuevo y pierde otro cliente. Necesitas diez baldes de paciencia pero apenas te quedan unas cuantas gotas. En lugar de intervenir y consumir la poca paciencia que tienes, acude primero a Cristo. Confiesa tu debilidad y pide ayuda. Quién sabe, tal vez tome tus gotas y las multiplique a unos cuantos galones.

Es lo mismo que hizo por un jovencito. Mira cómo termina la historia:

> Andrés… le dijo: Aquí está un muchacho, que tiene cinco panes de cebada y dos pececillos; mas ¿qué es esto para tantos?
>
> …Y tomó Jesús aquellos panes, y habiendo dado gracias, los repartió entre los discípulos, y los discípulos entre los que estaban recostados; asimismo de los peces, cuanto querían.
>
> Y cuando se hubieron saciado, dijo a sus discípulos: Recoged los pedazos que sobraron, para que no se pierda

nada. Recogieron, pues, y llenaron doce cestas de pedazos, que de los cinco panes de cebada sobraron a los que habían comido.

Aquellos hombres entonces, viendo la señal que Jesús había hecho, dijeron: Este verdaderamente es el profeta que había de venir al mundo. (Juan 6.8-14)

El muchacho quedó como el héroe de la jornada. Todo lo que hace es entregarle su almuerzo a Jesús. Deja el problema en manos del único con la autoridad para hacer algo al respecto.

Podría sorprenderte saber que este chico, aunque no dijo nada en las Escrituras, era muy expresivo y locuaz. De hecho, fue la versión de un rapero en el siglo primero. En mis profundas investigaciones arqueológicas, descubrí una canción de rap escrita por el chico de los panes y los pececillos. Para sentir el ritmo de su mensaje, puedes ponerte unos jeans anchos, voltear a un lado tu gorra de béisbol y moverte con cadencia gángster.

Entrégalo
por 5-Panes

Yo tenía mis panes y mis pececillos,
Listos pa' comer, súper exquisitos,
Entonces el Maestro me miró en la distancia,
Y supe la razón de mi presencia en la estancia.
Entrégalo...
Entrégalo...

¿Tienes luchas y temores? Presta oído a mis razones.
Tus preguntas se acumulan, ¿pero a quién se la formulas?

Haz con ello lo que hice aquel día con mi almuerzo,
Entrégalo...
Entrégalo...

Cristo tiene fortaleza que tú ni te imaginas.
Y su corazón rebosa de eterno amor por ti.
A cinco mil alimentó con un par de migajas.
Él puede satisfacerte y llevar todas tus cargas.
Entrégalo...
Entrégalo...

No importa cómo lo digas o lo cantes, el punto es el mismo: Dios es poderoso para hacer lo que tú no puedes. Así que entrégale tu problema a Jesús. No cometas el error de los discípulos. Ellos analizaron, organizaron, evaluaron y calcularon sin contar con Jesús para nada. ¿El resultado? Se pusieron ansiosos y mandones.

Acude primero a Cristo. Toma tu problema y entrégalo. Se te va a acabar la gasolina. A todos nos pasa. La próxima vez que la aguja se pase de la última raya en el tablero, recuerda que Aquel que alimentó a las multitudes está a una simple oración de distancia.

ÁNIMO PARA EL DÍA

L A PRÓXIMA VEZ QUE LOS PROBLEMAS DE LA VIDA PAREZCAN ESTAR A PUNTO DE ABATIRTE, RECUERDA ESTE CONSEJO DE PEDRO: «ECHANDO TODA VUESTRA ANSIEDAD SOBRE ÉL, PORQUE ÉL TIENE CUIDADO DE VOSOTROS» (1 PEDRO 5.7).

«ASÍ QUE PONGAN SUS PREOCUPACIONES EN LAS MANOS DE DIOS, PUES ÉL TIENE CUIDADO DE USTEDES» (BLS).

«DEPOSITEN EN ÉL TODA ANSIEDAD, PORQUE ÉL CUIDA DE USTEDES» (NVI).

TRADUCE EL MENSAJE COMO DESEES, EL PUNTO ES EL MISMO:

¡LA SOLUCIÓN DE DIOS ESTÁ A UNA ORACIÓN DE DISTANCIA!

CAPÍTULO 8

Fe para los días temerosos

«¿Crees que sí puede?»

«¿Crees que le importa?»

«¿Crees que vendrá?»

Las preguntas salen disparadas del corazón de una madre. El temor envuelve sus palabras y le ensombrece el rostro.

Su esposo se detiene frente a la puerta de su casa y se da la vuelta para mirar los ojos cansados y espantados de su esposa, luego observa detrás de ella la figura de su hija que yace enferma en la camilla. La niña se estremece por la fiebre. La madre tiembla de miedo. El padre se encoge de hombros con desesperación y contesta: «No sé qué vaya a hacer Él, pero no sé qué más pueda hacer yo».

La multitud afuera de la casa se aparta para dejar pasar al padre. Harían lo mismo cualquier otro día. Es el líder de la ciudad, pero hoy lo hacen porque su hija se está muriendo.

«Que Dios te bendiga, Jairo», le dice alguien, pero Jairo no se detiene; lo único que oye son las preguntas de su esposa.

«¿Crees que sí puede?»

«¿Crees que le importa?»

«¿Crees que vendrá?»

Jairo avanza con rapidez por el sendero que atraviesa la aldea de pescadores de Capernaum. El tamaño de la multitud que le sigue aumenta con cada persona que pasa. Ellos saben a dónde va Jairo. Saben a quién busca. Jairo va a la playa para buscar a Jesús. Mientras se acercan a la orilla del agua ven al Maestro, rodeado por otra multitud. Un ciudadano toma la delantera para abrir camino, anunciando la presencia del principal de la sinagoga. Los aldeanos cooperan. El Mar Rojo de humanidad se abre y deja un sendero amurallado por espectadores. Jairo no desperdicia un solo segundo. «Y luego que le vio, se postró a sus pies, y le rogaba mucho, diciendo: Mi hija está agonizando; ven y pon las manos sobre ella para que sea salva, y vivirá. Fue, pues, con él; y le seguía una gran multitud, y le apretaban» (Marcos 5.22–24).

La disponibilidad instantánea de Jesús hace agolpar unas lágrimas en los ojos de Jairo. Por primera vez en mucho tiempo, un rayo de sol reposa en el alma del padre. Prácticamente va corriendo mientras conduce a Jesús de vuelta al camino que lleva a su casa. Jairo se atreve a creer que está a contados instantes de un milagro.

Jesús *sí puede* ayudar.

Jesús *sí* se interesa.

Jesús *viene.*

La gente se esparce para abrir paso y lo siguen muy de cerca. Sirvientes se adelantan para informar a la esposa de Jairo, pero casi en el mismo momento que Jesús emprende el camino, Jesús se detiene. Jairo avanza unos cuantos metros hasta que se da cuenta que va solo. La gente se detuvo al mismo tiempo con Jesús, y todos tratan de entender qué significa la pregunta del Maestro: «¿Quién ha tocado mis vestidos?» (5.30). Esa simple frase pone a girar cabezas que se miran entre sí, y los discípulos tratan de resolver el misterio. Alguien retrocede para que otra persona pueda pasar adelante.

Jairo no puede ver quién es, y francamente, no le importa de quién se trata. Están pasando segundos preciosos. Su preciosa hija está falleciendo. Contados instantes atrás iba a la cabeza del Desfile de la Esperanza. Ahora está en la periferia mirando lo que sucede y siente que su frágil fe desfallece. Mira hacia su casa, se voltea a mirar a Cristo y se pregunta otra vez:

¿Será que sí puede?

¿Sí le importa?

¿Vendrá a mi casa o no?

Conocemos las preguntas de Jairo porque hemos enfrentado el temor de Jairo. Su Capernaum es nuestro hospital, juzgado o carretera solitaria. Su hija agonizante es nuestro matrimonio, carrera, futuro o amigo moribundo. Jairo no es el último en pedirle un milagro a Jesús.

Nosotros hemos hecho lo mismo. Con una fe que pesa una pluma más que la incredulidad, hemos caído a los pies de Jesús y hemos rogado. Él responde con esperanza. Su respuesta trae una nueva luz. Las nubes se despejan y el sol brilla… por un rato.

Pero a mitad de camino del milagro, Jesús se detiene. La enfermedad regresa, el corazón se endurece, la fábrica se cierra, el cheque sale sin fondos, las críticas se reanudan y terminamos junto a Jairo, desde afuera mirando adentro, sintiéndonos como un asunto de menor urgencia en la lista de quehaceres de Dios, preguntándonos si Jesús se acuerda de nosotros. Nos preguntamos también si puede, si le importa y si vendrá.

Jairo siente que le tocan el hombro. Se da la vuelta y ve el rostro pálido de un sirviente triste que le dice: «Tu hija ha muerto; no molestes más al Maestro» (Lucas 8.49).

En contadas ocasiones me ha tocado cumplir la tarea de este siervo. Llevar noticias de muerte. Informé a un padre de la muerte de su hijo adolescente, a mis hermanos de la muerte de nuestro padre y a más de un hijo sobre la muerte de su padre o madre.

Cada anuncio es recibido en silencio. Los sollozos y desmayos pueden venir después, pero la primera reacción es un silencio de puro aturdimiento. Como si el corazón no pudiera recibir las palabras y ninguna palabra pudiera expresar lo que hay en el corazón. Nadie sabe qué decir ante la muerte.

¿Fue ante ese silencio que Jesús instó a Jairo con las palabras: «No temas, cree solamente» (Marcos 5.36)?

¿Creer? Jairo habrá pensado. *¿Creer qué? ¿Creer cómo? ¿Creerle a quién? Mi hija está muerta. Mi esposa está destrozada. Y tú, Jesús, bueno, Jesús, llegaste tarde. Si hubieras venido cuando te lo pedí, si me hubieras seguido sin despegarte... ¿Por qué dejaste morir a mi pequeña hija?*

Jairo no tenía manera de saber la respuesta. Pero nosotros sí. ¿Por qué Jesús dejó morir a la niña? Para que todos los que han luchado con algo los últimos dos mil años oyeran la respuesta de Jesús a la tragedia humana. A todos los que han estado en la situación de Jairo y preguntaron lo que Jairo preguntó, Jesús les dice: «No temas, cree solamente».

Cree que Él puede. Cree que Él está dispuesto a ayudar.

Nota cómo la historia da un giro repentino. Hasta este punto Jesús ha seguido la iniciativa de Jairo; ahora toma las riendas. Está en control de la escena y reduce su equipo de trabajo para la misión del momento: «Y no permitió que le siguiese nadie sino Pedro, Jacobo, y Juan hermano de Jacobo» (5.37).

Al llegar a la casa, Jesús manda callar el alboroto de los llorones. «Y entrando, les dijo: ¿Por qué alborotáis y lloráis? La niña no está muerta, sino duerme» (5.39).

Cuando se burlaron, Él mismo los echó «fuera a todos» (5.40). La traducción suaviza un poco la acción, en griego se emplea el verbo *ekballo* que alude a lanzar o expulsar a puño limpio. Jesús, el mismo que purificaba templos y expulsaba demonios, se arremanga

y se dispone a actuar como el sheriff en la cantina de los buscaplei-
tos, poniendo una mano en los collares de sus camisas y la otra en
la correa de sus pantalones para ponerlos de patitas en la calle.

Luego dirige su atención al cuerpo de la niña. Porta la confianza de un Einstein haciendo la suma de dos y dos, un Beethoven
tocando la escala de do, y Ben Hogan antes de darle a una pelota
de golf a cinco centímetros del hoyo. ¿Puede Jesús devolverle la
vida a los muertos? Por supuesto que puede.

Pero, ¿le importa? ¿Acaso podría ser poderoso y *también* compasi-
vo? ¿Tener músculo y *también* misericordia? ¿Acaso la desventura de
una niña de doce años en Villa Remota aparece en el radar del cielo?

Una escena previa en la historia revela la respuesta. Es sutil. Quizá
la hayas pasado por alto. «Pero Jesús, luego que oyó lo que se decía,
dijo al principal de la sinagoga: No temas, cree solamente» (5.36).

Jesús oyó las palabras del siervo. Nadie tuvo que informarle sobre
la muerte de la niña. Aunque se había separado de Jairo mientras
atendía el caso de la mujer, apretado por la multitud de aldeanos,
Jesús nunca apartó Su oído del padre de la niña. Jesús le prestó
atención todo el tiempo. Él oyó. A Él sí le importó. Tuvo tanto
interés en el asunto que trató el temor de Jairo y fue a su casa.

> [Jesús] tomó al padre y a la madre de la niña, y a los que
> estaban con él, y entró donde estaba la niña. Y tomando
> la mano de la niña, le dijo: Talita cumi; que traducido es:
> Niña, a ti te digo, levántate. Y luego la niña se levantó y
> andaba, pues tenía doce años. (5.40-42)

Un pronunciamiento desde el camino habría funcionado. Una
declaración desde lejos habría despertado el corazón de la niña.
Pero Jesús quería hacer más que levantar a los muertos. Quería
mostrar que no solamente puede y le importa, Él también viene.

Viene a las casas de todos los Jairos y entra al mundo de sus hijos. Acude a los que son tan pequeños como el bebé de María y tan pobres como el hijo de un carpintero. Viene a los que son tan jóvenes como un muchacho de Nazaret y tan olvidados como un chico que pasa desapercibido en una aldea recóndita. Asiste a los que viven tan ocupados como el hijo mayor de una familia grande, se ofrece a los que llevan la carga de dirigir un puñado de discípulos inquietos, a los que están tan cansados como alguien que no tiene dónde recostar su cabeza.

Él acude a todos. Él habla a todos. Él me habló esta semana. El libro que estás leyendo volvió a mis manos goteando tinta roja de todas las correcciones de mis editores. Ni una tienda de tatuajes dejaría tantas marcas como las que tenía ese manuscrito. Durante dos días me sentí abrumado por la montaña de trabajo que tenía por delante. Consideré seriamente cancelar el proyecto. Luego caí en cuenta de la ironía de mi mala actitud: Después de escribir un libro sobre los días buenos, me estaba arruinando el rato.

Denalyn sugirió que tomara un descanso y la acompañara a comprar los víveres. (Uno está en malas condiciones cuando la idea de empujar un carrito de víveres por la sección de carnes suena como un plan fantástico.) Un miembro de la congregación me vio en el almacén.

Después de saludarnos me preguntó: «¿Recuerda esas lecciones que dio acerca de darle una oportunidad a cada día?»

Más de lo que podrías imaginarte. «Sí, claro».

«Pues me han servido mucho».

«Me alegra saberlo».

«De verdad, Max», dijo en tono serio. «Realmente me ayudaron».

Hasta ahí llegó la idea de archivar el manuscrito. A veces una palabra de ánimo es todo lo que necesitamos, ¿no es cierto? Y Dios la sigue dando. A los abrumados. A los abatidos. A Jairo. A nosotros. Él nos sigue animando:

«No temas, cree solamente».

Cree que Él puede, cree que a Él le importa, cree que Él viene. Oh, cuánto necesitamos creer. El temor le roba demasiada paz a nuestros días.

Cuando los navegantes de la antigüedad trazaban mapas de los océanos, dejaban un registro de sus temores. Por ejemplo, en la vasta expansión de las aguas no exploradas, los cartógrafos escribían frases como estas:

«Aquí moran dragones».

«Aquí residen demonios».

«Aquí hay sirenas».

Si se trazara un mapa de tu mundo, ¿leeríamos frases similares? Sobre las aguas desconocidas de la vida adulta, «región de dragones». Cerca al mar del nido vacío, «cuidado con los demonios». Junto a las latitudes extremas de la muerte y la eternidad, ¿tal vez dice «aquí hay sirenas»?

En ese caso, confórtate con el ejemplo de Sir John Franklin, quien fue un marinero avezado en los días del rey Enrique V. Las aguas distantes eran un misterio para él tanto como lo eran para los demás navegadores. Sin embargo, a diferencia de sus colegas, Sir John Franklin era un hombre de fe. Los mapas que pasaban por sus manos llevaban la marca de la confianza. Él tachaba frases de usanza como «Aquí moran dragones», «Aquí residen demonios» y «Aquí hay sirenas», y las reemplazaba con la frase «Aquí reina Dios».[18]

Marca tu mapa. Nunca irás a un lugar donde Dios no está. Tal vez seas transferido, reclutado, comisionado, reasignado, hospitalizado o lo que sea, pero puedes estampar esta verdad en tu corazón: Nunca puedes ir donde Dios no esté. «He aquí yo estoy con vosotros todos los días», es lo que Jesús nos prometió (Mateo 28.20).

No temas, cree solamente.

La presencia de temor no indica que carezcas de fe. El temor nos visita a todos. Cristo mismo experimentó gran tristeza y angustia (Marcos 14.33). Tan solo cerciórate que el temor sea un visitante, no un invitado permanente. ¿Acaso el temor no te ha robado ya lo suficiente? ¿Suficientes sonrisas? ¿Carcajadas? ¿Noches reparadoras, días exuberantes? Afronta tus temores con fe.

Haz lo que mi padre nos instó hacer a mi hermano y a mí. La temporada del verano para la familia Lucado siempre incluía un viaje del occidente de Texas a las Montañas Rocosas. (Para nosotros era como ir del purgatorio al paraíso.) A mi papá le encantaba pescar trucha en la orilla de los ríos espumosos, pero él sabía que las corrientes eran peligrosas y sus hijos podían ser incautos. Tan pronto llegábamos nos poníamos a buscar lugares seguros para cruzar el río. Él nos guiaba junto al margen del río hasta que encontrábamos una línea de piedras estables, y en varias ocasiones añadió una o dos para compensar nuestros pasos que eran más cortos que los suyos.

Mientras observábamos, él sometía las piedras a prueba, sabiendo que si lo aguantaban a él también aguantarían nuestro peso y movimiento. Cuando él llegaba al otro lado, nos daba la señal para seguirlo.

Era como si nos dijera: «No tengan miedo, más bien ténganme confianza».

Siendo niños él nunca tuvo que rogarnos, pero como adultos tenemos más reservas. ¿Será que hay un río de temor que corre entre tú y Jesús? Crúzalo confiado. Si Jairo se hubiera regresado a su casa sin Jesús, la muerte se habría llevado su esperanza. Si tú le das la espalda a Jesús, el gozo morirá, la risa se extinguirá y el mañana quedará sumido en la tumba de pavor de hoy.

No cometas ese error. Dale una oportunidad al día. Cree que Él puede. Cree que le interesas. Cree que Él viene. No temas. Cree solamente.

ÁNIMO PARA EL DÍA

Ilumina tu día con una visión mental de Dios corriendo a encontrarse contigo.

Cuando sus patriarcas confiaron, Dios bendijo. Cuando Pedro predicó, Pablo escribió y Tomás creyó, Dios sonrió. Pero nunca *corrió*.

Ese verbo está reservado para la historia del hijo pródigo. «Y cuando aún estaba lejos, lo vio su padre, y fue movido a misericordia, y corrió, y se echó sobre su cuello, y le besó» (Lucas 15.20).

Dios corre cuando ve al hijo que regresa a casa de la pocilga del pecado. Cuando el adicto se aparta de las malas compañías. Cuando el adolescente se va de la fiesta inmoral. Cuando el ejecutivo obsesionado con trepar la escalera del éxito se levanta de su escritorio, cuando el espiritista se aparta de los ídolos, el materialista de las posesiones, el ateo de la incredulidad y el elitista de la vanagloria...

Cuando los hijos pródigos suben por el sendero del arrepentimiento, Dios no puede quedarse quieto. El trono del cielo hace eco de sus pasos retumbantes y los ángeles observan en silencio cuando Dios abraza y besa a cada uno de Sus hijos revividos y hallados.

Vuélvete a Dios, y Él correrá hacia ti.

Sección 2

Acepta Su dirección

Un anuncio pegado afuera del salón de coro decía:

Musical de la Secundaria:
¡Oklahoma!
Audiciones jueves y viernes

¡Por fin llegó mi oportunidad! Si Buddy Holly y Roy Orbison pudieron hacer el salto del occidente de Texas a los grandes escenarios, ¿por qué no yo también? Estaba en mi penúltimo año de la secundaria y rebosaba de talento que sólo faltaba descubrir y explotar. Además, ya tenía las botas, el sombrero y el acento. ¿Por qué no intentarlo?

Mi audición fue estelar, hasta que abrí mi boca para cantar. El director musical se tapó los oídos y bajó su cabeza hasta las rodillas. Afuera de la ventana, un perro empezó a aullar. La pintura de la pared empezó a cuartearse. Sin embargo, el director me dijo que tal vez tenía una parte para mí. Preguntó si tenía experiencia en teatro. Le dije que iba a ver películas como una vez al mes. Fue suficiente para él. Me dio un libreto y el número de página donde aparecía mi parte. Así es, el número de *página*, no *páginas*. Mi parte cabía en una página. La página que tenía un solo párrafo. Para ser exacto, una línea de un párrafo de una página.

Décadas después, sigo recordando ambas palabras. Tras arrodillarme sobre el cuerpo de un vaquero al que le acababan de disparar, yo levantaba mi cabeza y gritaba con angustia y acento campechano: «¡Está muerto!»

Algunas personas se ofenderían con un papel tan diminuto. Yo no. ¿Acaso mis palabras no eran esenciales? Alguien tenía que anunciar la muerte del personaje. Yo vertí mi alma entera en esa simple línea. De hecho, si te hubieras fijado muy de cerca, habrías visto la lagrimita que se formaba en mi ojo cada vez que decía mi línea.

Rodgers y Hammerstein se habrían sentido orgullosos. Por supuesto, nunca se enteraron. Cuando escribieron su historia no estaban pensando en mí. En cambio, cuando Dios escribió la Suya, estaba pensando en todos nosotros.

¿Cuál es tu parte? No pienses por un instante que no tienes una. Dios «formó el corazón de todos [nosotros]; atento está a todas [nuestras] obras» (Salmos 33.15). Cada uno de nosotros es un original, por eso no tenemos por qué ser vanagloriosos ni envidiosos (Gálatas 5.26). Él te incluyó en el elenco de su obra y te dio un papel protagónico en Su historia. Ninguna tarea es irrisoria. Ninguna línea es demasiado breve. Él tiene una dirección definitiva para tu vida. Síguela y disfruta la vida. Cumple la parte que Dios preparó para ti y alístate para vivir días maravillosos.

CAPÍTULO 9

Llamado para los días sin propósito

Simón refunfuña en silencio. Su paciencia está tan agotada como el espacio libre en las calles de Jerusalén. Tenía esperanzas de pasar una pascua tranquila, pero la ciudad es una sola algarabía. Simón prefiere sus campos abiertos, y para colmo de males, los guardias romanos abren camino para quién sabe cuál dignatario que hará marchar a sus soldados y relinchar a su corcel mientras pasa entre la gente.

«¡Ahí va!»

Simón y la gente a su alrededor se dan la vuelta para mirar. En un instante saben de quién se trata. No es ningún dignatario.

«Es una crucifixión», oye a alguien decir en un suspiro tembloroso; cuatro soldados, un reo; cuatro lanzas, una cruz. El peso de la cruz cae sobre los hombros del convicto y su base se arrastra por el suelo. El hombre condenado endereza la cruz tambaleante como puede pero tropieza bajo su peso. Se levanta y avanza dos pasos antes de caer otra vez. Simón no puede ver la cara del hombre, únicamente una cabeza coronada de espinas.

Un centurión con expresión agria se exaspera cada vez que ve reducir los pasos. Insulta al condenado y a la multitud.

«¡Apúrate!»

No puede apurarse, dice Simón por dentro.

El portador de la cruz se detiene frente a Simón y lucha por respirar. Simón hace una mueca ante la crudeza de la escena. La viga restriega una espalda sin protección. La sangre corre por el rostro del hombre y su boca está abierta por el dolor y la falta de aire.

«Su nombre es Jesús», alguien dice en tono suave.

«¡Continúa!», ordena el verdugo.

Pero Jesús no puede. Su cuerpo se inclina y sus pies tratan, pero no se puede mover. El madero empieza a ladearse. Como un árbol recién talado, la cruz empieza a caer sobre la multitud. Todos retroceden, excepto el labrador. Simón extiende instintivamente sus manos fuertes y atrapa la cruz.

Jesús cae al suelo sobre su rostro y se queda allí. Simón endereza la cruz. El centurión mira a Cristo exhausto y luego al peatón macizo. Sólo necesita un instante para tomar la decisión. Toca el hombro de Simón con el otro lado de su punta de lanza.

«¡Tú! Levanta la cruz.»

Simón se atreve a objetar: «Señor, ¡ni siquiera conozco al hombre!»

«No me importa. Lleva la cruz.»

Simón gruñe, sale de entre la multitud a la calle y acomoda el madero sobre su hombro mientras sale del anonimato a las páginas de la historia, convirtiéndose en el primero en la fila de los millones que toman la cruz y siguen a Cristo. «Y obligaron a uno que pasaba, Simón de Cirene, padre de Alejandro y de Rufo, que venía del campo, a que le llevase la cruz» (Marcos 15.21). «Y le pusieron encima la cruz para que la llevase tras Jesús» (Lucas 23.26).

Los detalles son escasos: Un extranjero de Cirene que venía del campo al que obligaron llevar la cruz. ¿Será que Simón había oído de Cristo? ¿Qué estaba haciendo en Jerusalén? ¿A qué se debe la referencia a sus dos hijos? No lo sabemos. Todo lo que tenemos por cierto es que cargó en sus hombros la cruz de Cristo. Hizo de forma literal lo que Dios nos llama a hacer en sentido figurado: Tomar la cruz y seguir a Jesús. «Si alguno quiere venir en pos de mí, niéguese a sí mismo, tome su cruz cada día, y sígame» (Lucas 9.23).

La frase «tome su cruz» no se ha popularizado con el correr de los tiempos. Si uno pide una definición, oye respuestas al estilo de: «Mi cruz es mi suegra, mi trabajo, mi matrimonio, mi jefe, rabietas o el predicador fastidioso». Suponemos que la cruz es cualquier aflicción o dificultad personal. Mi diccionario de sinónimos está de acuerdo porque enumera los siguientes equivalentes de *cruz*: *Frustración, situación dificultosa, contrariedad, inconveniente* y *contratiempo*. Tomar la cruz es lidiar con un problema personal, y pensamos que Dios reparte cruces como un guardia que reparte palas a los prisioneros encadenados para que trabajen. Nadie quiere una, pero cada quien recibe la suya. Todos tenemos una cruz que llevar, y más nos vale acostumbrarnos a ella.

Pero seamos francos. ¿Será que Jesús reduce la cruz a encartes y dolores de cabeza? ¿Será que nos llama a dejar de quejarnos por la mosca en la sopa o el dolor de cuello? La cruz significa mucho más. Es la herramienta de redención de Dios, Su instrumento de salvación, la prueba de Su amor por la gente. Entonces, tomar la cruz significa llevar la carga de Cristo por la gente del mundo.

Aunque nuestras cruces son parecidas, no son idénticas. «Si alguno quiere venir en pos de mí, niéguese a sí mismo, tome *su cruz* cada día, y sígame» (Lucas 9.23, cursivas añadidas).

Cada uno de nosotros tiene su propia cruz que llevar. Es nuestro llamado individual. El tuyo te queda como una camisa a la talla. Sabemos lo incómodo que se siente una prenda de vestir que no sea de nuestra talla. Yo fui el menor de mi familia y heredé bastante ropa de mi hermano. Aunque servía para cubrirme, no se ajustaba a mi cuerpo. La tela me apretaba los hombros y el cuello me tallaba. Fue un día para celebrar cuando mamá decidió comprarme camisas que me quedaran.

Es un motivo de mayor celebración cuando descubres la tarea que Dios diseñó para ti. Te queda bien. Encaja con tus pasiones y hace uso de tus dones y talentos. ¿Quieres tener un día despejado? Acepta la dirección de Dios.

John Bentley lo hizo. Él lleva una cruz por los huérfanos en la China. Este abogado cristiano decidió radicarse en Pekín, donde supervisa junto a su esposa un orfanato para bebés abandonados. Hace unos años una madre dejó un recién nacido envuelto en ropa fúnebre en un campo aledaño. Sin una nota, sin una explicación, solamente con el equivalente a un dólar y veinticinco centavos, que es el costo de un entierro. La madre había abandonado a su hijo, y al examinarlo se supo la razón: El niño tenía quemaduras severas de pies a cabeza.

Los Bentley no podían dejar morir al niño. No solamente lo criaron hasta que recuperó la salud, sino que lo adoptaron como su hijo. Ellos llevan la cruz de Cristo por los niños de la China.

Michael Landon Jr. lleva la suya por la industria cinematográfica. Tiene cualidades únicas para hacerlo. Como hijo de una leyenda de la televisión que actuó como el papá de la familia Ingalls, él creció en el negocio de las películas. Cuando Cristo conquistó su corazón a los diecinueve años, él se propuso influenciar el mundo del entretenimiento. Dedica toda su energía y credibilidad a una tarea: Crear filmes redentores. Muy pocos tienen la preparación y la experiencia para hacer lo que él hace, pero como Michael tiene ambas cosas, él lleva diariamente sobre sus hombros la cruz de Cristo por Hollywood.

Shawn y Xochitl Hughes llevan la cruz por la gente que vive en el centro de San Antonio. Mientras los demás se mudaban a las afueras, ellos se radicaron en el centro. Prefirieron un vecindario sencillo a uno fastuoso y una casa pequeña en vez de una grande. Aman los corazones que moran en el corazón de nuestra ciudad. Llámalo una pasión, una carga o una cruz. Lo cierto es que han tomado su cruz y han seguido a Cristo, «según lo que a cada uno concedió el Señor» (1 Corintios 3.5).

¿Cuál es la tarea que el Señor te ha concedido? ¿Cuál es tu llamado único, tu tarea y tu misión específica?

Hay tres preguntas que podrían ser de ayuda.

¿En qué direcciones te ha llevado Dios? Recuenta las experiencias únicas que has tenido. «Por tanto, no seáis insensatos, sino entendidos de cuál sea la voluntad del Señor» (Efesios 5.17). ¿En qué cultura creciste? ¿A qué estilos de vida has sido expuesto(a)? Tu pasado es una pista de tu futuro. Pregúntale a Moisés. Sus experiencias egipcias en la niñez lo prepararon para presentarse ante Faraón. David creció apacentando ovejas. No es un entrenamiento inadecuado para alguien llamado a pastorear una nación. El pedigrí de Pablo como ciudadano romano seguramente extendió su vida y su ministerio. Tu pasado no es un accidente.

¿Qué decir de tus cargas? *¿Qué necesidades te ha revelado Dios?* ¿Hay algo que te ponga a palpitar el corazón y te acelere el pulso? No todos lloran a la par contigo. No todos sienten el mismo dolor que tú. Cuando tu corazón se duela por algo, no le hagas caso omiso. Todos y cada uno de nosotros tenemos un sendero y una meta en particular, así que «corramos con paciencia la carrera que tenemos por delante» (Hebreos 12.1). ¿Ya sabes cuál es tu competencia en la vida?

¿Qué habilidades te ha dado Dios? «A cada uno de nosotros fue dada la gracia conforme a la medida del don de Cristo» (Efesios 4.7). ¿Qué te resulta fácil hacer? Algunos de ustedes son buenos con los números. Otros manejan pedidos e inventarios complejos. Hay algo en lo que eres excelente y que realizas con menos esfuerzo que los demás. Daniel Sharp creció en la iglesia donde yo sirvo. Como parte de su educación universitaria, se mudó a Moscú para estudiar cálculo, electricidad, magnetismo y poesía en ruso. Le parecieron tan entretenidas las clases que escribió a sus padres por correo electrónico: «Cualquiera puede hacer esto». Personalmente, no lo creo, pero el hecho de que Daniel pueda hacerlo me dice algo sobre su llamado único en la vida.[19]

Hay algo que también te resulta fácil hacer. ¡Identifícalo! Realiza una exploración meticulosa de ti mismo(a). «Así que, cada uno someta a prueba su propia obra» (Gálatas 6.4).

Dirección. Necesidad. Habilidad. Tu ADN espiritual. Lo mejor de ti. Tú y tu cruz.

Ninguno de nosotros ha sido llamado a cargar con el pecado del mundo. Jesús ya lo hizo. Sin embargo, todos nosotros podemos llevar una carga específica por el mundo.

A propósito, se trata de una carga maravillosa. Jesús dijo: «Mi yugo es fácil, y ligera mi carga» (Mateo 11.30). La cruz es un buen sobrepeso, una deuda grata. Pon esta verdad a prueba. Visita gente en el hospital y mira si no sales más feliz que cuando entraste. Enseña una clase para niños. Te apuesto que terminarás aprendiendo más que ellos. Dedica un sábado a ayudar a los desamparados y descubrirás este misterio: Cada vez que ayudas a otros a enfrentar sus días, le inyectas vida a los tuyos. Y vida es exactamente lo que mucha gente necesita. El siguiente artículo desconcertante apareció en un periódico británico.

Los directivos de una casa publicadora tratan de averiguar por qué nadie notó que uno de sus empleados llevaba cinco días muerto sentado en su escritorio, sin que nadie se acercara a preguntarle si se sentía bien.

George Turklebaum de 51 años, quien había sido empleado durante treinta años como corrector de pruebas en una empresa de Nueva York, tuvo un ataque al corazón en la oficina abierta que compartía con otros 23 trabajadores.

El hombre falleció silenciosamente el lunes pero nadie lo notó hasta el sábado por la mañana cuando un encargado de la limpieza le preguntó porque seguía trabajando el fin de semana.[20]

El suceso genera dos interrogantes: ¿Podría realmente suceder algo así? ¿Acaso un muerto podría pasar por un vivo? En segundo lugar, ¿podría sucederle a cualquiera de nosotros? ¿Podría nuestra existencia carecer de vida, emoción y alegría a tal punto que podríamos morir y nadie se percataría?

Revísate el pulso. Hay algo que te motiva. Algún llamado trae energía a tu voz, convicción a tu rostro y dirección a tus pasos. Identifícalo y aprópiate de él. Nada le da mayor oportunidad al día que una buena dosis de apasionamiento.

PIDE A DIOS QUE INYECTE SU PASIÓN A TU DÍA.
ORA POR CADA PERSONA QUE ENCUENTRES. NO REFUNFUÑES EN LOS ATASCAMIENTOS DE TRÁNSITO NI TE QUEJES EN LOS ASCENSORES APRETUJADOS. ESTAS SON OPORTUNIDADES PARA LA ORACIÓN. INTERCEDE POR CADA PERSONA QUE VEAS, «ORANDO EN TODO TIEMPO CON TODA ORACIÓN Y SÚPLICA» (EFESIOS 6.18). IMITA A EPAFRAS, DE QUIEN PABLO DIJO QUE ESTABA «SIEMPRE ROGANDO ENCARECIDAMENTE... EN SUS ORACIONES» (COLOSENSES 4.12). ERA UN HOMBRE QUE SE ESFORZABA CON ESMERO EN LA ORACIÓN, Y PUEDO IMAGINARLO CON LÁGRIMAS EN SU ROSTRO ARRUGADO Y LAS MANOS APRETADAS DURANTE SUS TIEMPOS DE INTERCESIÓN.

ALIENTA EL DIÁLOGO ESPIRITUAL. EN EL MOMENTO ADECUADO Y CON LA ACTITUD CORRECTA EN TU CORAZÓN, PREGUNTA A TUS AMIGOS Y FAMILIARES: «¿QUÉ CREEN QUE SUCEDE DESPUÉS DE LA MUERTE?» «¿CUÁL ES SU VISIÓN DE DIOS?» JESÚS HIZO PREGUNTAS SIMILARES: «Y VOSOTROS, ¿QUIÉN DECÍS QUE SOY?» (MARCOS 8.29). HAGAMOS LAS MISMAS PREGUNTAS.

AMA PORQUE DIOS AMA. LA GENTE PUEDE SER DIFÍCIL DE AMAR. ÁMALOS DE TODAS MANERAS. «EL QUE AMA A DIOS, AME TAMBIÉN A SU HERMANO» (1 JUAN 4.21).

CAPÍTULO 10

Servicio para los días de encrucijadas

Dan Mazur se consideró un afortunado. El resto de la gente lo consideraría un chiflado. Le faltaban dos horas de caminata empinada para llegar a la cima del Monte Everest, a escasos trescientos metros de hacer realidad un sueño de toda la vida.

Cada año los aventureros mejor preparados de la tierra fijan la mira en la famosa cumbre de ocho mil ochocientos metros. Todos los años algunos mueren en el intento. La cima del Everest no se destaca por su hospitalidad. Los escaladores denominan el área más allá de los siete mil novecientos metros de altura «la zona de la muerte».

Las temperaturas oscilan varios grados bajo el punto de congelación. Hay ventiscas en todas las direcciones que prácticamente anulan la visibilidad. La atmósfera carece de oxígeno, y hay cadáveres por todos lados. Un escalador británico había muerto diez días antes del intento de Mazur. Cuarenta escaladores que habrían podido ayudarlo optaron por no hacerlo. Lo pasaron de largo en su avance a la cima.

El Everest puede ser cruel.

Sin embargo, Mazur se sentía con suerte. Junto a dos colegas suyos, ya alcanzaban a divisar la cúspide. Tras varios años de planeación y seis semanas escalando, el 25 de mayo del 2006 a las 7:30 de la mañana, el aire amainó, el sol brillaba y tanto las energías como las esperanzas iban en ascenso.

Fue en ese momento que un destello de color captó la atención de Mazur: Un pedazo de tela amarilla en la cresta de la montaña que confundió al principio con una carpa. Luego se dio cuenta que era una persona, un hombre aferrado precariamente a la roca junto a un precipicio de dos mil cuatrocientos metros. Se le habían caído los guantes y tenía la chaqueta abierta, así que estaba totalmente expuesto al frío. La falta de oxígeno puede hinchar el cerebro y producir alucinaciones. Mazur sabía que este hombre no tenía ni idea dónde estaba, así que se acercó a él y le gritó: «¡Amigo! ¿Puede decirme cómo se llama?»

«Sí puedo», contestó el hombre en tono complacido. «Me llamo Lincoln Hall». Mazur no lo podía creer. Había reconocido el nombre. Doce horas antes había oído la noticia por radio: «Lincoln Hall pereció en la montaña. Su equipo tuvo que dejar su cuerpo encaramado en una cuesta».

Después de haber pasado la noche a ocho grados bajo cero respirando aire sin oxígeno, Lincoln Hall seguía vivo. Mazur estaba cara a cara frente a un milagro.

También tenía frente a él una decisión que tomar. Cualquier intento de rescate conllevaba riesgos profundos. El descenso ya era bastante peligroso sin contar con el peso adicional de un moribundo. Además, ¿cuántas horas le quedaban a Hall? Nadie lo sabía. Los tres escaladores podrían sacrificar su Everest por una causa perdida. Tenían que elegir entre abandonar su sueño o abandonar a Lincoln Hall.

Optaron por abandonar su sueño. Los tres le dieron la espalda al pico y comenzaron el lento descenso, centímetro por centímetro.[21]

Su decisión de salvar la vida de Hall genera un gran interrogante. ¿Haríamos lo mismo? ¿Sacrificar nuestra ambición para salvar a otro ser? ¿Poner nuestros sueños a un lado para rescatar a otro escalador? ¿Dar la espalda a nuestras cumbres personales de éxito para que alguien más pueda vivir?

Esas son las decisiones de encrucijada que tomamos a diario. No en el Everest con otros aventureros, sino en nuestros hogares con el cónyuge y los hijos, en el trabajo con los colegas, en las escuelas con los amigos y compañeros, en las iglesias con hermanos en la fe. Siempre nos enfrentamos con decisiones grandes y pequeñas, pero todas igualmente significativas porque tienen que ver con quién va primero, ¿nosotros o ellos?

Cuando el padre elige la mejor escuela para los hijos por encima de una transferencia para avanzar en su carrera.

Cuando el estudiante se sienta a almorzar con los chicos menospreciados y no con los populares.

Cuando la hija universitaria decide pasar sus días libres con su mamá envejecida en la unidad de pacientes mentales.

Cuando renuncias a sueños personales por el bien de otros, Cristo dice que te estás negando a ti mismo: «Si alguno quiere venir en pos de mí, niéguese a sí mismo, y tome su cruz, y sígame» (Mateo 16.24).

Este es el ingrediente más sorprendente de un día grandioso: Abnegación.

¿Acaso no pensamos que es todo lo contrario? Los días estupendos son resultado de la indulgencia de nuestros antojos, la libre expresión del ego y la celebración de nuestra identidad. ¿Pero negarnos a nosotros mismos? ¿Cuando fue la última vez que leíste un aviso publicitario que dijera: «No vaciles. Niégate a ti mismo ¡y la pasarás de maravilla!»?

Jesús pudo haber escrito las palabras. Él va en contra de la cultura muchas veces, llamándonos a bajar en lugar de subir, a ir a la izquierda cuando la sociedad manda ir a la derecha.

En Su economía,
los más pequeños son los más grandes (Lucas 9.48);
los últimos serán los primeros (Marcos 9.35);
los primeros lugares son los últimos lugares (Lucas 14.8-9).
Él nos dice que
honremos a los demás por encima de nosotros mismos (Romanos 12.10);
estimemos a los demás como superiores a nosotros (Filipenses 2.3);
ofrezcamos la otra mejilla, demos nuestra capa y recorramos la segunda milla (Mateo 5.39-41).

La última instrucción tuvo que herir susceptibilidades en la psique judía. «A cualquiera que te obligue a llevar carga por una milla, vé con él dos» (Mateo 5.41). Los conciudadanos de Jesús vivían bajo dominio extranjero. Los soldados romanos los cargaban de impuestos altos y leyes opresivas. Era una situación deplorable que había existido desde que los babilonios destruyeron el templo en 586 a.C. y sometieron a cautiverio a los judíos. Aunque algunos habían vuelto del exilio geográfico, el exilio teológico y político persistió. Los judíos del primer siglo estaban atascados en un lodo cenagoso que había durado varios siglos, oprimidos por paganos y abrigando la esperanza de ser libertados por el Mesías.

La reacción de algunos era vender sus principios y trabajar con el sistema para beneficio propio. Otros optaron por aislarse. Los escritores de los rollos del Mar Muerto en Qumrán se separaron por completo del mundo y su maldad. Otros decidieron combatir, y la opción de los zelotes era clara: Haz tus oraciones, afila tu espada y libra una guerra santa.

Tres opciones: Venderse, fugarse o pelear.

Jesús introdujo la cuarta: Servir. Sirve a los que te aborrecen; perdona a los que te lastiman. Ocupa el lugar menos importante, no el más alto; procura servir, no ser servido. No te desquites con maldad, sino con bondad. Jesús creó lo que podríamos llamar la Sociedad de la Segunda Milla.

Los soldados romanos podían obligar legalmente a ciudadanos judíos a llevar su carga una milla.[22] Con un simple mandato verbal, podían requerir que un agricultor dejara sus cultivos o un mercader su negocio a fin de servirles.

En una situación así, Jesús dijo: «Da más de lo que requieran de ti». Recorre dos millas. Al final de la primera, sigue caminando. Toma por sorpresa al soldado diciendo: «No he hecho suficiente por usted. Voy a llevar su carga otra milla». Haz más de lo que te exigen, ¡y hazlo con gozo y garbo!

La Sociedad de la Segunda Milla todavía existe. Sus miembros renuncian a ambiciones a la altura del Everest para brindar esperanza a colegas escaladores que han sido desahuciados por el sistema.

En nuestra iglesia tenemos un siervo de la segunda milla. Su profesión es la arquitectura, pero su pasión es el servicio. Siempre llega una hora antes de cada reunión para dejar impecables los baños de los caballeros. Enjuaga los lavamanos, limpia los espejos, revisa los inodoros y barre el piso. Nadie le pidió que hiciera ese trabajo y muy pocos saben que lo realiza. Él no le dice a nadie y ni pide nada a cambio. Es un miembro ilustre de la Sociedad de la Segunda Milla.

Otra sierva de la sociedad ayuda en nuestro ministerio de niños. Ella crea manualidades y obsequios que los pequeñines pueden llevar a sus casas. Sin embargo, para ella no es suficiente poner los toques finales en el arte manual, también tiene que ir más allá de lo que se espera. Una de sus clases tuvo el tema: «Caminando en los pasos de Jesús» y ella hizo galletas especiales en forma de pie, pero no se detuvo ahí, también le puso uñas a los dedos de cada galleta. ¿Quién hace algo así?

Los especialistas en recorrer la segunda milla. Ellos limpian baños, decoran galletas y construyen salones de juego en sus casas. Bob y Elsie instalaron una piscina interior, compraron una mesa de Ping-Pong y una cancha de futbolín. Crearon un paraíso infantil.

No suena muy fuera de lo común, ¿cierto? Ah, olvidé mencionar su edad. Ellos iniciaron el proyecto siendo mayores de setenta años. Lo hicieron porque amaban a los niños y jóvenes solitarios que viven alrededor del centro de Miami. Bob no nadaba y Elsie no jugaba tenis de mesa, pero los hijos de inmigrantes cubanos sí. A Bob podía vérsele cada semana recorriendo Little Havana en su Cadillac para recoger a los chicos que otra gente había olvidado.

La Sociedad de la Segunda Milla. Déjame decirte cómo identificar a sus miembros. No portan insignias ni uniformes; portan sonrisas. Ellos han descubierto el secreto. El gozo se encuentra en el esfuerzo adicional. La satisfacción más deleitosa no se experimenta al escalar tu propio Everest, sino al ayudar a otros escaladores.

Los que recorren la segunda milla leen la declaración de Jesús: «Más bienaventurado es dar que recibir» (Hechos 20.35), y asienten con sus cabezas. Cuando oyen la instrucción, «El que halla su vida, la perderá» (Mateo 10.39), entienden que nunca se encontrarán a sí mismos si se dedican a rebuscar su propia existencia. Han descubierto la Verdad de que la ayuda a sí mismo no sirve y que el sacrificio propio es el Camino a la Vida: «Todo el que quiera salvar su vida, la perderá; y todo el que pierda su vida por causa de mí, éste la salvará» (Lucas 9.24).

La recompensa verdadera está en el marcador de carretera al final de la segunda milla.

Piénsalo de este modo. Imagina que tienes doce años y te colocan frente a un montón de platos sucios. No quieres lavarlos. Preferirías jugar con tus amigos o ver televisión, pero la directiva de tu mamá fue muy clara: Lava los trastes.

Te lamentas, lloriqueas y te preguntas cómo podrías estar disponible para una adopción. Luego, quién sabe de dónde, una idea loca llega a tu mente. ¿Qué tal si sorprendes a tu mamá dejando limpios no solamente los trastes, sino toda la cocina? Empiezas a sonreír. «Voy a barrer el piso y limpiar con un trapo los estantes. ¡De pronto organizo la nevera!» En ese momento, de alguna fuente desconocida, te llega un redoble de energía y una inyección de productividad. El oficio aburrido se convierte en una aventura emocionante. ¿Por qué? ¡Por tu liberación! Has dejado de ser esclavo para convertirte en voluntario.

Este es el gozo de la segunda milla.

¿Ya lo hallaste? Tu día se mueve a la velocidad de una tortuga y con la emoción de un torneo de edredones. Haces lo que se espera de ti, los ejercicios de matemáticas y un capítulo para la clase de literatura, pero nada más. Eres confiable, hacendoso y lo más probable es que estés aburrido. Sueñas con la llegada del viernes, los días festivos, una familia o un trabajo diferentes, cuando quizá todo lo que necesitas es una actitud diferente. Dale una oportunidad a tu día.

Todos los días, realiza un acto que nadie pueda recompensarte.

En los días finales de la vida terrenal de Jesús, Él compartió una comida con sus amigos Lázaro, Marta y María. En menos de una semana sentiría el suplicio del látigo romano, la punta de las espinas en su cabeza y el hierro del clavo en la mano del verdugo. Pero en aquella tarde, Él sintió el amor de tres amigos.

No obstante, para María no fue suficiente cenar con Él. «Entonces María tomó una libra de perfume de nardo puro, de mucho precio, y ungió los pies de Jesús, y los enjugó con sus cabellos; y la casa se llenó del olor del perfume» (Juan 12.3).

Los del grupo de la milla obligatoria como Judas, criticaron el acto como un gasto innecesario. Jesús no estaba de acuerdo. Él recibió ese gesto como una demostración de amor extravagante, el amor de una amiga de corazón que le rindió su regalo más preciado. Me pregunto si Jesús, colgado en la cruz, siguió percibiendo esa fragancia de amor en Su piel.

Sigue el ejemplo de María.

Hay un hombre anciano en tu comunidad que acaba de perder a su esposa. Una hora de tu tiempo significaría mucho para él.

Algunos niños en tu ciudad no tienen papá. Ningún padre los lleva al cine o a partidos de béisbol. Quizá tú puedas. Ellos no pueden pagártelo, ni siquiera pueden comprar sus propias palomitas de maíz y refrescos, pero sonreirán de oreja a oreja en respuesta a tu generosidad.

¿Qué piensas de lo siguiente? A contados pasos de tu dormitorio hay una persona que tiene tu mismo apellido. Déjala atónita con una expresión de bondad. Algo insólito. Cumplir con tus oficios sin quejas. Tener el café listo antes que despierte. Una carta de amor sin que sea una ocasión especial. Perfume de nardo puro y de mucho precio, obsequiado sin una razón en particular.

¿Quieres arrancar un día a los tentáculos del aburrimiento? Realiza actos de generosidad extrema, actos que no se puedan remunerar.

También te tengo otra idea. *No te creas tanto.*

Moisés lo hizo. Siendo uno de los líderes más prominentes de la historia, «era muy manso, más que todos los hombres que había sobre la tierra» (Números 12.3).

María también. Cuando Jesús declaró como hogar su vientre, ella no se jactó sino que confesó con sencillez: «He aquí la sierva del Señor; hágase conmigo conforme a tu palabra» (Lucas 1.38).

Juan el Bautista hizo lo mismo. Aunque era pariente directo de Dios en la tierra, se mantuvo firme en su resolución: «Es necesario que él crezca, pero que yo mengüe» (Juan 3.30).

Por encima de todo, Jesús lo hizo: «Fue hecho un poco menor que los ángeles» (Hebreos 2.9).

Jesús prefirió quedarse con los sirvientes. ¿No podremos hacer lo mismo?

Somos importantes, mas no esenciales; valiosos, pero no indispensables. Tenemos un papel en la obra, pero no somos el acto principal. Tenemos una canción para entonar, pero no somos los solistas.

Dios lo es.

A Él le fue muy bien antes de nuestro nacimiento y le seguirá yendo bien después de nuestra muerte. Él lo empezó todo, lo sustenta todo y lo llevará todo a una culminación gloriosa. Mientras tanto, tenemos este privilegio supremo: Rendir nuestro Everest personal, descubrir la satisfacción de la distancia doble, realizar actos sin recompensa, buscar problemas que otros evitan, negarnos a nosotros mismos, tomar nuestras cruces y seguir a Cristo.

Lincoln Hall sobrevivió el descenso del Monte Everest. Gracias a Dan Mazur, pudo volver a ver a su esposa y sus hijos en Nueva Zelanda. Un entrevistador de la televisión preguntó a la esposa de Lincoln qué pensaba de los rescatadores, los hombres que sacrificaron su encumbramiento para salvar la vida de su esposo. Ella trató de contestar pero las palabras se le atoraron en la garganta. Tras intentar varias veces y con lágrimas en los ojos, ella finalmente dijo: «Bueno, ese es un ser humano asombroso. Y también los hombres que iban con él. El mundo necesita más gente como ellos».[23]

Que podamos nosotros ser contados entre ellos.

ÁNIMO PARA EL DÍA

«Enséñanos de tal modo a contar nuestros días, que traigamos al corazón sabiduría». Salmos 90.12

Si hoy fuera tu último día de vida, ¿cómo lo pasarías? Enfrentar la muerte es amarga medicina, pero a la mayoría de nosotros nos sentaría muy bien una cucharada. Muchos podríamos beneficiarnos de un recordatorio de la muerte. No es algo que uno quiera, y no puedo decir que me guste recordarlo, pero todos necesitamos saber que hoy estamos un día más cerca de la muerte que ayer.

Si supieras que hoy es tu último día, ¿harías lo mismo que estás haciendo? ¿O quizá amarías más, darías más y perdonarías más? ¡Hazlo entonces! Perdona y da como si fuera tu última oportunidad de hacerlo. Ama como si mañana no existiera, y cuando llegue mañana, vuelve a amar.

El retoño de otro color

Poned la mira en las cosas de arriba,
no en las de la tierra.
Colosenses 3.2

La alfombra era de tierra. Las ratas se escurrían por el hoyo de ventilación. Las cucarachas se arrastraban por las paredes y se posaban sobre los prisioneros dormidos. La única fuente de luz se asomaba por tres grietas cerca al techo de cinco metros de altura. La celda no incluía ningún catre, silla, mesa, ni salida posible para el general estadounidense Robbie Risner. Durante siete años y medio, soldados de Vietnam del Norte lo mantuvieron preso junto a otra docena de soldados en el Zoológico, un campamento para prisioneros de guerra en Hanoi.

La miseria se convirtió en la norma. Encierro solitario, hambre, tortura y golpizas eran la rutina. Los interrogadores retorcían piernas fracturadas, cortaban piel con bayonetas, insertaban palos en narices y embutían papel en las bocas. Los gritos hacían eco en todo el campamento, aterrando a los demás prisioneros.

Fíjate en la descripción de Risner: «Todo era triste y desolador. Casi se palpaba la esencia de la desesperanza. Si se pudiera exprimir el sentimiento de la palabra *desesperanza*, sería una sustancia gris y lerda como el plomo, sucia y repelente».[24]

¿Cómo se sobrevive tras siete años y medio en un hoyo así? Incomunicado y separado de la familia. Sin noticias de los Estados Unidos. ¿Qué hace uno? Esto es lo que Risner hizo: Se quedó mirando un retoño de pasto. Días después de su encarcelación se las arregló para quitar la malla de un hoyo de ventilación, se estiró sobre su barriga, bajó la cabeza por la apertura y miró a través de un hoyo en la pared de ladrillo y concreto que tenía el grosor de un lápiz. Lo único que alcanzó a ver fue una hoja de pasto. Aparte de ese brote, su mundo no tenía color. Por eso él empezaba sus días con la cabeza en el hoyo, su corazón inmerso en la oración y su mirada fija en el verdor de aquella hoja de pasto que denominó «una transfusión de sangre para el alma».[25]

No tienes que ir a Hanoi para afrontar a una existencia «gris y lerda como el plomo, sucia y repelente». ¿Sabes cuál es el tinte de un mundo sin color? En ese caso, haz lo mismo que Risner. Emprende la búsqueda. Arranca la malla de tu celda y saca la cabeza. Fija tu mirada en algún color afuera de tu celda.

Lo que ves define quién eres. «La lámpara del cuerpo es el ojo; así que, si tu ojo es bueno, todo tu cuerpo estará lleno de luz; pero si tu ojo es maligno, todo tu cuerpo estará en tinieblas. Así que, si la luz que en ti hay es tinieblas, ¿cuántas no serán las mismas tinieblas?» (Mateo 6.22-23).

Jesús no habla aquí de tus ojos físicos sino de los ojos de tu corazón: Tu actitud, tu perspectiva y tu visión, no de lo material sino de la vida. Nosotros, como el general Risner, tomamos decisiones diarias. ¿Fijamos nuestra mirada en la crudeza gris de la rutina o buscamos el retoño de otro color?

Jerry Rushford dirige la famosa serie Pepperdine de clases magistrales en Malibú, California. Se encarga de coordinar una semana de clases y conferencistas con cientos de maestros y miles de asistentes. Uno tendría que proponérselo para encontrar alguna falla en el evento, pero todos los años alguien termina quejándose. Por esa razón Jerry siempre termina la sesión final con esta frase mordaz: «Si buscan por todos lados y se fijan lo suficiente, estoy seguro que encontrarán algo de qué quejarse. Pero esperamos que también vean lo positivo».

Si buscas por todos lados y te fijas lo suficiente, encontrarás algo de qué quejarte.

Es lo que hicieron Adán y Eva. ¿Acaso ese primer mordisco de la fruta prohibida no reflejó un sentimiento de descontento? Rodeados por todo lo que necesitaban para la vida y la felicidad, fijaron sus ojos en la única cosa que no podían tener. Encontraron algo de qué quejarse.

Los seguidores de Moisés siguieron su ejemplo. Pudieron haberse enfocado en los milagros: La apertura de un camino en el Mar Muerto, la columna de fuego que los escoltaba de noche y la nube que los protegía de día, el maná que reflejaba la luz del amanecer y las codornices que quedaban a disposición del campamento con cada atardecer. En lugar de eso, decidieron enfocarse en sus problemas. Hicieron álbumes con sus recuerdos de Egipto, fantaseaban con pirámides y se quejaban que la vida en el desierto no era para ellos. Encontraron algo de qué quejarse.

¿Y qué de ti? ¿En qué te estás fijando? ¿En aquella fruta que no puedes comerte? ¿O en el millón que sí puedes disfrutar? ¿En el maná o en la miseria? ¿En el plan de Dios o en tus problemas? ¿En tus problemas como oportunidades o como perjuicios?

> Por lo demás, hermanos, todo lo que es verdadero, todo lo
> honesto, todo lo justo, todo lo puro, todo lo amable, todo lo
> que es de buen nombre; si hay virtud alguna, si algo digno
> de alabanza, en esto pensad. (Filipenses 4.8)

Esto va más allá de una simple actitud optimista, es más que ver el vaso medio lleno en lugar de medio vacío. Más bien, es admitir que existen fuerzas favorables invisibles que rodean y dirigen los asuntos de la humanidad. Cuando vemos como Dios quiere que veamos, vemos la mano del cielo en medio de la enfermedad, vemos a Jesús obrando en la juventud atribulada y al Espíritu Santo consolando los corazones rotos. No vemos lo que se ve sino lo que está por verse. Vemos con fe no con la carne, y puesto que la fe engendra esperanza, estamos más llenos de esperanza que cualquiera. Porque sabemos que la vida es mucho más que las apariencias que captan nuestros ojos.

Vemos a Cristo, «el cual también [nos] confirmará hasta el fin» (1 Corintios 1.8).

Creemos que Jesús, quien «comenzó en [nosotros] la buena obra, la perfeccionará hasta el día de Jesucristo» (Filipenses 1.6).

Creemos que nuestro Salvador habló en serio cuando dijo «Mi Padre hasta ahora trabaja» (Juan 5.17).

Sabemos que Dios obra, por eso el noticiero presenta solamente parte de las noticias y el diagnóstico del doctor no es más que una simple opinión.

Vemos diferente a la gente. No descartamos al niño con problemas de aprendizaje, al esposo con adicción a la bebida, al profesor con orgullo recalcitrante. No nos damos por vencidos con la gente porque sabemos que por debajo de la malla en el piso y más allá de las ratas hay un retoño de pasto, y decidimos enfocarnos en él.

Nadie dice que sea fácil de hacer. Durante los últimos cinco años mi madre ha estado en un hogar asistencial no muy lejos de mi casa. Los primeros meses tuve dificultad para ver el color más allá de las arrugas, el bastón, la silla de ruedas y los dientes postizos. Cada visita era un recordatorio deprimente de la salud quebrantada de mi mamá y su pérdida de la memoria.

Fue entonces que traté de poner en práctica el mensaje de este libro. Darle a cada día su oportunidad, aún los días de la vejez. Empecé a ver hojas de pasto entre la gente.

La lealtad de Elaine, también de ochenta y siete años, quien se sienta junto a mi mamá durante el almuerzo. Ella corta en pedazos la comida de mi mamá para que pueda ingerirla.

El entusiasmo sereno de Lois, quien ya casi cumple ochenta y a pesar de tener artritis en ambas rodillas se ofrece todas las mañanas a servir el café.

El amor histórico de Joe y Bárbara quienes celebran setenta años, no de vida sino de matrimonio. Ellos se turnan para empujarse en la silla de ruedas. La artritis ha agrandado los nudillos en la mano de ella, y no habíamos conversado cinco minutos siquiera cuando él la levantó suavemente para mostrármela y expresar cuánto quería a su esposa.

También Bob, a quien un derrame dejó sin habla y paralizado en la mitad de su cuerpo. La foto pegada en su puerta lo muestra más joven, vestido de uniforme militar. Él solía dar órdenes y comandar tropas. Hoy su mano hábil maneja el control de su silla de ruedas mientras va de mesa en mesa deseando un buen día a los residentes emitiendo el único sonido que puede: «Bbmf».

Antes veía vejez, enfermedad y vigor desvanecido. Ahora veo amor, valentía y ausencia total de egoísmo.

¿Qué me dices tú? ¿Se siente tu mundo como la celda del general Risner junto a los demás prisioneros de guerra? Si miras con cuidado y te fijas lo suficiente, así será. Hasta el huerto del Edén tiene aspecto gris para algunos. Pero tú no tienes que verlo gris. Aprende una lección del prisionero. Dale a cada día una oportunidad. Asómate por el hueco en los ladrillos, más allá de las ratas, y encontrarás tu retoño de pasto. Apenas lo encuentres, no mires nada más.

Notas

1. Mi agradecimiento a Judith Viorst y su libro para niños *Alexander y el día terrible, horrible, espantoso, horroroso*
   (Nueva York: Aladdin Books, 1989).

2. Gary L. Thomas, *Sacred Marriage: What If God Designed
   Marriage to Make Us Holy More Than to Make Us Happy?*
   (Grand Rapids: Zondervan, 2000), pp. 46-47 [*Matrimonio sagrado: ¿Y si Dios diseñó el matrimonio para santificar-
   nos más que hacernos felices?* (Grand Rapids: Vida, 2005)].

3. ¿Es la primera vez que bebes de la fuente de la gracia
   de Dios? En ese caso, ¡mis felicitaciones! Acabas de empezar una relación que alterará tu eternidad para bien.
   «El que cree en el Hijo tiene vida eterna» (Juan 3.36).
   Al empezar tu nueva vida, recuerda tres principios bá-
   sicos: Bautismo, Biblia y Familia. El bautismo demuestra y celebra nuestra decisión de seguir a Cristo (lee 1
   Pedro 3.21). La lectura frecuente de la Biblia es guía y
   ancla de nuestra alma (lee Hebreos 4.12). Pertenecer a
   una familia de creyentes nos integra y activa como hijos
   de Dios (lee Hebreos 10.25). Pide a Dios que te dirija a
   un grupo de seguidores de Cristo que pueda celebrar tu
   bautismo, ayudarte a estudiar la Biblia y servir como tu
   iglesia y familia espiritual.

4. Adaptado de un sermón de Rick Atchley, «When We All Get to Heaven» (dado en la Iglesia de Cristo de Richland Hills en North Richland Hills, Texas, 25 mayo 2005). Se desconoce la fuente original.

5. Archibald Naismith, *2400 Outlines, Notes, Quotes, and Anecdotes for Sermons* (1967; reimpreso, Grand Rapids: Baker Book House, 1991), #1063.

6. Alan Loy McGinnis, *The Balanced Life: Achieving Success in Work and Love* (Miniápolis: Augsburg Fortress, 1997), pp. 56-57.

7. Tripod, "Useless Information: Stuff You Never Needed to Know but Your Life Would Be Incomplete Without: The Collyer Brothers", http://earthdude1.tripod.com/collyer/collyer.html.

8. Antwone Quenton Fisher, "I Once Was Lost", *Reader's Digest*, julio 2001, pp. 81-86.

9. John Haggai, *How to Win Over Worry: A Practical Formula for Successful Living* (Eugene, OR: Harvest House Publishers, 1987), p. 14.

10. Haggai, *How to Win Over Worry*, 109.

11. Bob Russell, "Reinstated", *Favorite Stories from Bob Russell*, vol. 5, CD-ROM, Southeast Christian Church, Louisville, Kentucky, 2005.

12. Charles Spurgeon, citado en *The NIV Worship Bible*, New International Version (Dana Point, CA: Maranatha, 2000), p. 1302 [*Biblia de adoración y alabanza de la NVI* (Miami: Vida, 2001)].

13. William Osler, citado en Haggai, *How to Win Over Worry*, p. 109.

14. Eugene H. Peterson, *Run with the Horses: The Quest for Life at Its Best* (Madison, WI: InterVarsity Press, 1983), p. 115.

15. Mike Wise, "Pushed Beyond the Limit", *Washington Post*, 30 agosto 2004.

16. Romanos 1.13; 1 Corintios 11.3; 1 Tesalonicenses 4.13

17. F. W. Boreham, *Life Verses: The Bible's Impact on Famous Lives*, vol. 2 (Grand Rapids: Kregel Publications, 1994), pp. 114-155.

18. Edward Beal, *1041 Sermon Illustrations, Ideas, and Expositions: Treasury of the Christian World*, ed. A. Gordon Nasby (1953; reimpreso, Grand Rapids: Baker Book House, 1976), p. 109.

19. Doy gracias a mis amigos John y Lisa Bentley, Michael Landon Jr., Shawn y Xochitl Hughes, y Daniel Sharp por permitirme compartir sus historias.

20. "A Real Death", *Birmingham (AL) Sunday Mercury*, 17 diciembre 2000.

21. "Miracle on Mount Everest", programa televisivo *Dateline NBC*, 25 junio 2006, http://www.msnbc.msn.com/id/13543799.

22. Frederick Dale Bruner, *The Christbook: Matthew—A Commentary*, edición revisada y ampliada (Dallas: Word Publishing, 1987), p. 210.

23. "Miracle on Mount Everest", *Dateline NBC*.

24. Robinson Risner, *The Passing of the Night: My Seven Years As a Prisoner of the North Vietnamese* (1973; reimpreso, Duncanville: World Wide Printing, 2001), y una conversación con el autor, 24 febrero 2004.

25. Risner, *The Passing of the Night* y una conversación con el autor.

Sección 4

Guía de discusión

Capítulo 1: Cada día merece una oportunidad

Una mirada atrás

1. La tierra del cementerio no se ha asentado todavía, la notificación de despido está en tu bolsillo, el otro lado de la cama sigue vacío... ¿quién tiene un buen día en esos días? La mayoría no lo tienen, pero ¿por qué no intentarlo?

   A. Describe el día más difícil que hayas tenido en el año que pasó. ¿Qué lo hizo tan difícil?

   B. ¿Pudiste convertirlo en un buen día? ¿Cómo?

2. Dios hizo este día, ordenó esta hora difícil, diseñó los detalles de este momento desgarrador. Él no está de vacaciones. Todavía tiene la batuta, está sentado en la cabina y ocupa el único trono del universo.

   A. Si un Dios bueno ocupa el único trono del universo, ¿por qué crees que permite los días malos?

   B. ¿Crees que Dios ordenó las horas difíciles de tu vida? Explícalo.

3. Ya no cuentas con el ayer. Todavía no tienes el mañana. Únicamente dispones de hoy. *Este* es el día que hizo el Señor. Vívelo.

   A. ¿Tiendes más a revivir el ayer o a temer lo que podría traer el mañana? Explícalo.

   B. ¿Qué te tocaría cambiar de tu manera normal de vivir la vida para empezar a vivir *en este* día?

4. Jesús no usa mucho el término *día* en las Escrituras, pero las contadas veces que lo usa nos proveen una fórmula estupenda para optimizar con excelencia el manejo de

cada uno de nuestros días. *Satura tu día en Su gracia... Encomienda tu día a Su cuidado... Acepta Su dirección.*

A. ¿Cuál aspecto de la fórmula de Jesús para un buen día te resulta más difícil seguir? ¿Por qué?

B. Describe una ocasión en la que saturaste tu día con Su gracia o encomendaste tu día a Su cuidado o aceptaste Su dirección para el día. ¿Cómo cambió aquel día?

Una mirada al cielo

1. Lee el Salmo 118.24.

   A. ¿Cuál es el día que hizo el Señor, según este versículo?

   B. ¿Por qué no dice simplemente «el Señor hace todos los días»?

   C. Si el Señor ha hecho un día, ¿qué sabes acerca de ese día?

   D. Nota que el versículo no dice «*deberíamos* regocijarnos» sino «regocíjate» ¿Cuál es la diferencia?

   E. ¿Qué diferencia existe entre regocijarse «en» algo y regocijarse «por» ese algo? ¿Cuál es la importancia de esta distinción?

2. Lee el Salmo 145.1-4.

   A. ¿Qué dice el escritor que hará todos los días?

   B. ¿Por qué está dispuesto a hacerlo?

   C. ¿Qué efecto podría tener en las generaciones futuras?

   D. ¿Cómo podría tal práctica cambiarle la perspectiva de la vida a una persona?

Capítulo 2: Misericordia para los días vergonzosos

Una mirada atrás

1. El ladrón oye el lenguaje oficial de Cristo: Gracia. Inmerecida. Inesperada. Gracia. «Hoy estarás conmigo en el paraíso».

   A. ¿Por qué podemos llamar la gracia el lenguaje oficial de Cristo?

   B. ¿Cómo has experimentado la gracia de Cristo?

2. En el paraíso no hay noche ni ciudadanos de segunda categoría. El ladrón entra por la puerta principal pisando la alfombra roja de Jesús.

   A. ¿A qué se refiere Max cuando dice que en el paraíso no hay noche ni ciudadanos de segunda categoría?

   B. ¿Te parece justo que el ladrón entre por la misma puerta y disfrute la misma recepción honrosa de Jesús? Explícalo.

3. La colina de ejecución se convierte en un monte de transfiguración.

   A. ¿Cómo es que la colina de ejecución se convirtió en un monte de transfiguración? ¿Quién fue transfigurado? ¿De qué manera?

   B. ¿Cómo puede tu colina de ejecución convertirse en tu monte de transfiguración? ¿Cómo afectaría ese cambio tu manera de enfrentar la vida?

4. Luego eres clavado en la cruz de tus errores. Errores tontos. ¿Qué ves? Muerte. ¿Qué sientes? Vergüenza. ¿Qué

oyes? Ah, esa es la cuestión. ¿Qué oyes? ¿Puedes oír a Jesús por encima de los acusadores? Él promete: «Hoy estarás conmigo en el paraíso».

A. ¿Cómo puedes empezar a oír la voz de Jesús sobre las voces de tus acusadores y opositores?

B. ¿Por qué es tan importante que escuches la voz de Jesús después de haber cometido algún error tonto?

5. Nosotros estamos equivocados. Él tiene la razón. Nosotros pecamos. Él es el Salvador. Necesitamos gracia. Jesús puede darla.

A. ¿Te resulta difícil decir a Dios: «Estoy equivocado. Tú tienes la razón»? ¿Puedes recordar una ocasión específica en que le pediste a Jesús Su gracia?

B. ¿Cómo reconoces a una persona llena de gracia?

Una mirada al cielo

1. Lee Lucas 23.38-43.

A. Al considerar esta escena, ¿con quién te identificas? ¿Por qué?

B. ¿Qué pensó el segundo delincuente de sus propias acciones? ¿Qué pensó de la conducta y el carácter de Jesús?

C. ¿Cuál fue la petición que el segundo delincuente le hizo a Jesús?

D. ¿Cómo respondió Jesús a este hombre?

2. Lee 1 Pedro 2.4-6.

A. ¿Quién es la «piedra viva» en este pasaje? ¿Qué nos enseña este nombre acerca de Él?

B. ¿Cuáles son las dos reacciones a esta persona que se describen (v. 4)? ¿Cómo se explica la diferencia?

C. ¿Qué promesa se hace en el versículo 5? ¿Por qué es importante?

D. ¿Qué promesa se hace en el versículo 6? ¿Qué significado tiene para ti?

Capítulo 3: Gratitud para los días ingratos

Una mirada atrás

1. El día de un perro. El día de un gato. Uno contento, el otro confabulado. Uno en paz, el otro en pie de guerra. Uno agradecido, el otro antipático. La misma casa. Las mismas circunstancias. El mismo amo. Dos actitudes totalmente diferentes. ¿Cuál diario se parece más al tuyo?

   A. ¿Cómo respondes esta pregunta? Explica tu respuesta.

   B. Si quisieras cambiar lo que dice tu diario, ¿qué te tocaría hacer?

2. La gratitud es el primogénito de la gracia, la reacción correcta de los bendecidos. Tan correcta, que su ausencia sorprende a Jesús.

   A. ¿Por qué la gratitud es la reacción correcta de quienes reciben gracia?

   B. ¿Por qué sorprende a Jesús que quienes recibieron Su gracia olvidaron mostrarse agradecidos? ¿Con cuánta frecuencia crees que *tú* sorprendes a Jesús por lo mismo?

3. La gratitud eleva nuestra mirada, nos quita los ojos de las cosas que nos faltan para que podamos ver las bendiciones que poseemos. Nada acaba con el frío invernal del día como la brisa caribeña de la gratitud.

   A. ¿Qué bendiciones te ha dado Dios esta semana? ¿Este mes? ¿Este año?

   B. En una escala de 1 (nunca) a 10 (continuamente), ¿dónde te ubicarías en tu propensión a agradecer a Dios por sus bendiciones?

4. ¿Necesitas condimentar tu día? Da gracias a Dios por cada problema que asoma la cabeza.

   A. ¿Cómo es que darle gracias a Dios por un *problema* le pone condimento a tu día?

   B. ¿Te resulta difícil darle gracias a Dios por un problema? ¿Por qué?

5. Joni se dirigió a la multitud quisquillosa. «Entiendo que a algunas de ustedes no les gusta la silla que les tocó. A mí tampoco. Pero tengo más de mil amigos inválidos que de mil amores cambiarían de puesto con ustedes».

   A. Si hubieras estado en aquella multitud, ¿crees que habrías sido una de las personas quejumbrosas? Explícate.

   B. ¿Cómo reaccionas a las palabras de Joni? ¿Sonríes? ¿Se te ponen los pelos de punta? ¿Sientes gratitud?

Una mirada al cielo

1. Lee Lucas 17.11-19.

   A. ¿Cuál fue la petición del hombre para Jesús? ¿Qué instrucciones recibió a cambio?

B. ¿Cuántos de ellos siguieron las instrucciones de Jesús? ¿Qué les pasó?

C. Uno de los diez hombres tuvo una reacción diferente a la de sus compañeros. ¿Por qué es significativo que este hombre fuera descrito como un samaritano?

D. ¿Cómo expresó aquel hombre su gratitud a Jesús? ¿Cómo reaccionó Jesús a esta demostración de gratitud?

E. ¿Qué pregunta hizo Jesús? ¿Que fue lo que más le sorprendió?

F. Puesto que el hombre ya había sido sanado (v. 14), ¿cuál es el propósito de las palabras de Jesús en el versículo 19?

2. Lee Colosenses 3.15-17.

A. ¿Qué mandato aparece en todos los versículos de este pasaje? ¿Qué significado tiene esto?

B. ¿Cuál es la conexión entre la gratitud y la acción de gracias? ¿Por qué ambas son necesarias?

C. ¿Por qué crees que Dios insiste en que Sus hijos den gracias?

Capítulo 4: Perdón para los días amargos
Una mirada atrás

1. ¿Mantienes bien guardado tu dolor? ¿Tienes empacadas las ofensas? ¿Llevas un registro de los desaires? Un recorrido por tu corazón podría ser revelador.

A. ¿Por qué crees que muchos de nosotros somos proclives a guardar y empacar dolores y ofensas?

B. ¿Qué queda al descubierto al hacer un recorrido por tu corazón?

2. Este tipo rechaza la gracia. El hombre nunca acepta la gracia del rey. Sale del palacio con la mueca sagaz del que acaba de esquivar una bala, encontrando una grieta en el sistema y saliéndose con la suya. Con su lengua se salió del problema. Sus argumentos llevan la insignia de los no perdonados: Se rehúsa a perdonar.

    A. ¿Cómo describirías a una persona que rechaza la gracia?

    B. ¿Por qué el hecho de que una persona se niegue a perdonar a los demás es un indicador de un corazón que no ha aceptado el perdón que Dios le ha ofrecido?

3. Los manzanos dan manzanas, los trigales producen trigo y los perdonados perdonan. La gracia es el desarrollo natural de la gracia.

    A. ¿Te describirías como una persona perdonadora? Explica.

    B. ¿De qué manera te ha mostrado Dios Su gracia últimamente? ¿Cómo has mostrado esa misma gracia a otros?

4. Perdonar no significa aprobar. No estás validando la mala conducta. Estás encomendando a tu ofensor «al que juzga justamente» (1 Pedro 2.23).

    A. ¿Por qué ofrecer perdón se percibe a veces como un sello de aprobación? ¿Por qué perdonar a alguien se siente a veces como si le dejaras salirse con la suya?

    B. ¿Te resulta fácil o difícil encomendar la persona que te ofende a Dios, el que juzga justamente? Explícalo.

Una mirada al cielo

1. Lee Mateo 18.21-35.

   A. ¿Qué pregunta motivó la parábola que Jesús contó en este pasaje? ¿Qué piensas que quería saber Pedro realmente?

   B. ¿Quiénes son los personajes principales de la parábola? Describe a cada uno.

   C. ¿Qué fue lo que enojó tanto al rey? ¿Qué hizo en respuesta a su enojo?

   D. ¿Cuál es la enseñanza central de la parábola, según Jesús? (v. 35)

   E. ¿Qué interrogantes te genera esta parábola? ¿Te gusta esta historia? Explica.

2. Lee 1 Pedro 2.18-23.

   A. ¿Qué clase de ejemplo nos dejó Cristo a seguir, según el versículo 21? ¿Cómo es que debemos seguir Sus pasos en esta área?

   B. ¿Cómo se describe Jesús en el versículo 22? ¿Por qué esto es importante para el argumento de Pedro?

   C. ¿Qué es lo que Jesús *no* hizo en respuesta al trato injusto (v. 23)? ¿Cuál fue su reacción en lugar de ello?

   D. ¿Cómo se describe Dios en el versículo 23? ¿Por qué es importante recordar esto cuando sufrimos injustamente?

Capítulo 5: Paz para los días ansiosos

Una mirada atrás

1. La preocupación es al gozo lo que una aspiradora Hoover es al polvo: No queda más remedio que conectar el

corazón a un súper succionador de felicidad y prender el interruptor.

A. ¿Te describirías como una persona que vive preocupada? Explica.

B. ¿Cómo manejas normalmente la preocupación que se introduce en tu corazón?

2. Esta simple frase revela el plan de provisión de Dios: *Vivir un día a la vez.*

A. ¿Qué significa para ti que vivas un día a la vez? ¿Por lo general vives de ese modo? Explica.

B. Describe un incidente en que Dios proveyó para tu necesidad justo a tiempo, en el segundo preciso.

3. La ansiedad se desvanece a medida que nuestro recuerdo de la bondad de Dios permanezca intacto.

A. ¿De qué maneras ha demostrado Dios Su bondad para contigo? ¿Con cuánta frecuencia recuerdas Su bondad, bien sea en voz alta o en tu mente?

B. Describe una ocasión en que superaste una preocupación específica como resultado de recordar el cuidado de Dios en el pasado.

4. Nadie puede orar y preocuparse al mismo tiempo. Cuando nos preocupamos, no estamos orando. Cuando oramos, no nos preocupamos.

A. ¿Es verdad que nadie puede orar y preocuparse al mismo tiempo? Explica.

B. ¿Por qué la oración genuina y de corazón tiende a apabullar la preocupación?

5. Si Dios es suficiente para ti, siempre tendrás suficiente porque siempre tendrás a Dios.

  A. ¿Es Dios suficiente para *ti*? Explícalo.

  B. ¿Crees que siempre tendrás a Dios? Explica.

Una mirada al cielo

1. Lee Mateo 6.25-34.

  A. ¿Qué mandato da Jesús en el versículo 25? ¿Qué razón da para el mandato?

  B. ¿Qué ilustración presenta Jesús en el versículo 26? ¿Qué preguntas plantea (vv. 26-28)?

  C. ¿Qué ilustración adicional provee Jesús en el versículo 28? ¿Qué observación hace en el versículo 29? ¿Qué aplicación propone en el versículo 30?

  D. ¿Qué clase de cosas son motivo de preocupación frecuente para nosotros (v. 31)? ¿Por qué es tan importante no seguir el ejemplo de aquellos mencionados en el versículo 32?

  E. ¿Qué sabe Dios acerca de nuestras necesidades (v. 32)? ¿Por qué es importante recordar esto?

  F. ¿Qué instrucción nos da Jesús en el versículo 33? ¿Cómo puedes seguir esta instrucción en tu vida personal?

  G. ¿Cuál es la última razón que Jesús nos da para no preocuparnos (v. 34)?

2. Lee Hebreos 13.5-6.

  A. ¿Qué mandato relacionado con el dinero aparece en el versículo 5? ¿Cómo puedes cumplir con este mandato?

B. ¿Qué mandato relacionado con el contentamiento se da en el versículo 5? ¿Cómo se aprende esa clase de contentamiento?

C. ¿Qué razón se da para estos mandatos al final del versículo 5?

D. Cuando nos enfocamos en esta razón, ¿qué sucede en nuestros propios corazones (v. 6)?

Capítulo 6: Esperanza para los días catastróficos

Una mirada atrás

1. Nadie cuestiona el hecho de tus infortunios, pero es más sabio cuestionar la prudencia de revivirlos.

A. ¿Por qué no es sabio revivir mentalmente tus infortunios?

B. ¿Qué infortunio personal tienes mayor inclinación a revivir mentalmente? ¿Qué pasa por lo general cuando te permites reincidir en aquellas emociones del pasado?

2. En lugar de ponerse a contar los ladrillos de su prisión, Pablo siembra un huerto en su interior. Elabora una lista detallada, no de los maltratos de la gente sino de la fidelidad de Dios.

A. ¿Cómo se las arregló Pablo para sembrar un huerto en el interior de su prisión? ¿Qué hizo específicamente?

B. ¿Cómo puedes sembrar un huerto dentro de las paredes que parecen aprisionarte? ¿Cómo podría Dios usar para bien el mal que otros te hagan?

3. Pablo confió en el cuidado de Dios. No sabía por qué sucedían cosas malas ni sabía cómo se resolverían los problemas. Pero sabía quién estaba en control y a cargo de la situación.

   A. Si Dios está en control, ¿significa que le agrada todo lo que sucede?

   B. ¿Qué significa para ti que Dios esté en control?

4. No es fácil hacer lo mejor de una vida descarrilada. Pero Dios envía suficientes historias como las de Pablo y José para convencernos de intentarlo.

   A. ¿Dónde te resulta más difícil encontrar el gozo ahora mismo? ¿Cómo podrías encontrarlo?

   B. De todo lo que has aprendido de las historias de Pablo y José, ¿que te motivaría más a hacer lo mejor de algún plan descarrilado o alguna esperanza retrasada?

5. Aprende una lección de Vanderlei de Lima: No dejes que los obstáculos en la carrera te impidan disfrutar la ceremonia de premiación al final.

   A. Describe a alguien que conozcas que se esté dejando distraer por obstáculos en la carrera que no le permitan terminarla bien.

   B. ¿Qué obstáculos en la carrera amenazan con sacarte de la ceremonia de premiación? ¿Qué puedes hacer *hoy* para reenfocar tu mirada en la meta final de la carrera?

Una mirada al cielo

1. Lee Filipenses 1.12-21.

   A. ¿Cómo evaluó Pablo su encarcelamiento en Roma (v. 12)?

   B. ¿Qué grupos se beneficiaron de la experiencia de Pablo en la cárcel (vv. 13-14)? ¿Cómo se beneficiaron?

   C. ¿Qué circunstancia negativa pudo haberle causado mucha angustia a Pablo mientras estuvo en prisión (vv. 15-17)?

   D. ¿En qué optó por enfocarse Pablo en la cárcel (v. 18)?

   E. ¿Qué clase de visión del futuro expresó Pablo (v. 19)?

   F. ¿A qué esperanza específica se mantuvo aferrado el apóstol (v. 20)?

   G. ¿Cómo resumió Pablo su filosofía de la vida sin importar qué sucediera (v. 21)?

2. Lee Hebreos 11.24-28.

   A. ¿Qué tentación enfrentó Moisés siendo adulto (v. 24)?

   B. ¿Qué decisión tomó Moisés (v. 25)?

   C. ¿Qué le dio a Moisés la fortaleza para tomar esa decisión (v. 26)?

   D. ¿Qué mantuvo firme a Moisés, a pesar de grandes dificultades, tras tomar esta decisión (v. 27)?

   E. ¿Cómo fue que la decisión de Moisés terminó siendo de bendición para una nación entera (v. 28)?

Capítulo 7: Combustible para los días vacíos

Una mirada atrás

1. El error de los discípulos no es que hayan calculado el problema sino que hicieron cálculos sin contar con

Cristo. Como no le dieron oportunidad a Jesús, tampoco le dieron oportunidad a su día. Tenían una mesa reservada para doce en el Restaurante del Día Podrido.

A. Describe una ocasión en la que reservaste una mesa en el Restaurante del Día Podrido.

B. ¿Cómo puede Cristo cambiar *tu* situación en medio de las dificultades que enfrentas ahora mismo?

2. Dios es poderoso para hacer, abundar, socorrer, salvar, guardar, sujetar, etc. Él es poderoso para hacer lo que tú no puedes. Él ya tiene un plan.

A. ¿Crees que Dios ya tiene un plan para ayudarte y hacer provisión para ti? Si acaso no, ¿por qué? Si lo crees, ¿de qué manera cambia esa fe tu manera de sentirte?

B. ¿Qué hace Dios por ti que no puedas hacer por ti mismo(a)?

3. Mi primer pensamiento cuando me quedó el tanque vacío fue: *¿Cómo puedo llevar este carro a una estación de gasolina?* Tu primer pensamiento cuando tengas un problema debería ser: *¿Cómo puedo llevarle este problema a Jesús?*

A. ¿Cómo abordas los problemas en tu vida diaria?

B. ¿Qué significa para ti llevarle tus problemas a Jesús? ¿Qué implica esto en sentido práctico?

4. Se te va a acabar la gasolina. A todos nos pasa. La próxima vez que la aguja se pase de la última raya en el tablero, recuerda que Aquel que alimentó a las multitudes está a una simple oración de distancia.

A. Relata cómo alguien a quien conoces personalmente vio la intervención milagrosa de Jesús para hacer algo que esa persona no podía hacer por sí misma.

B. ¿Crees que Jesús quiere obrar en *tu* vida como obró en las vidas de Sus discípulos? Explica.

Una mirada al cielo

1. Lee Marcos 6.30-44.

    A. ¿Qué instrucción dio Jesús a Sus discípulos exhaustos en el versículo 31? ¿Por qué les dio esta instrucción?

    B. ¿Cómo reaccionó Jesús a la multitud (v. 34)? ¿Por qué reaccionó de esa manera?

    C. ¿Cuál fue la solución de los discípulos al problema que enfrentaban (vv. 35-36)?

    D. ¿Cómo respondió Jesús a la sugerencia de ellos (v. 37)?

    E. ¿Cómo reaccionaron los discípulos a las instrucciones de Jesús (v. 37)?

    F. ¿Cómo involucró Jesús a los discípulos en la solución (v. 41)?

    G. En tu opinión, ¿qué logró Jesús a través de este milagro?

2. Lee 2 Corintios 1.8-11.

    A. ¿Qué quiso Pablo que sus amigos supieran acerca de sus circunstancias (v. 8)?

    B. ¿A qué se refería Pablo cuando habló de «tan gran muerte» en el versículo 10?

    C. ¿Qué esperanza tenía Pablo para el futuro (v. 10)?

    D. ¿A quién acudió Pablo por ayuda (v. 11)?

Capítulo 8: Fe para los días temerosos

Una mirada atrás

1. Contados instantes atrás Jairo iba a la cabeza del Desfile de la Esperanza. Ahora está en la periferia mirando lo que sucede y siente que su frágil fe desfallece. Mira hacia su casa, se voltea a mirar a Cristo y se pregunta otra vez. *¿Será que sí puede? ¿Sí le importa? ¿Vendrá a mi casa o no?*

   A. ¿Con cuál de esos interrogantes (*¿Será que sí puede? ¿Sí le importa? ¿Vendrá a mi casa o no?*) tienes mayor dificultad? Explícalo.

   B. ¿Por qué crees que algunas veces Jesús permite que la esperanza surja y decline antes de intervenir y actuar de forma decisiva en tu favor?

2. A todos los que han estado en la situación de Jairo y preguntaron lo que Jairo preguntó, Jesús les dice: «No temas, cree solamente».

   A. ¿Qué situación en tu vida te produce más temor ahora mismo?

   B. ¿Qué quiere Jesús que creas en la situación que acabaste de describir?

3. Nunca irás a un lugar donde Dios no está. Tal vez seas transferido, reclutado, comisionado, reasignado, hospitalizado o lo que sea, pero puedes estampar esta verdad en tu corazón: Nunca puedes ir donde Dios no esté.

   A. ¿Por qué es imposible ir donde Dios no esté?

   B. ¿Por qué *se siente* tantas veces como si Dios no estuviera presente?

4. Dale una oportunidad al día. Cree que Él puede. Cree que le interesas. Cree que Él viene. No temas. Cree solamente.

    A. ¿Cómo es que la fe actúa como antídoto contra el temor?

    B. Cuando sientes temor, ¿qué es lo que más te ayuda a superarlo?

Una mirada al cielo

1. Lee Marcos 5.21-43.

    A. ¿Qué petición le hizo Jairo a Jesús (v. 23)? ¿Qué indicaba su petición sobre lo que opinaba personalmente de Jesús?

    B. ¿Cuál fue la interrupción que ocasionó una pérdida temporal de la esperanza de Jairo (vv. 24-34)? ¿Por qué crees que Jesús permitió tal interrupción?

    C. ¿Cuál fue la noticia que afecto todavía más la esperanza de Jairo (v. 35)? ¿Qué reveló esa noticia sobre la opinión que los mensajeros tenían de Jesús?

    D. ¿Cómo respondió Jesús a la noticia que trajeron estos hombres (v. 36)? ¿Por qué enfocó Su atención en Jairo y no en los hombres que comunicaron el mensaje?

    E. ¿Quién declaró la verdad real en los versículos 38-39? ¿Cómo reaccionó la gente a la verdad real (v. 40)?

    F. ¿Cuál fue el desenlace de la historia (vv. 41-43)? ¿Cuál fue la reacción de la gente (v. 42)? ¿Cómo reaccionó Jesús (v. 43)? ¿Por qué?

2. Lee Isaías 51.12-15.

    A. ¿Quién habla en el versículo 12? ¿Por qué esto marca una gran diferencia?

B. ¿Cuál es la pregunta formulada en el versículo 12? ¿Cuál es el problema que la pregunta deja al descubierto?

C. ¿Cómo nos afecta el corazón el temor que sintamos de los demás (v. 13)? ¿Cómo nos alienta Dios a contrarrestar esta tendencia?

D. ¿Qué promesa da Dios a Sus hijos en los versículos 14-15? ¿En qué se basa esta promesa?

Capítulo 9: Llamado para los días sin propósito

Una mirada atrás

1. La cruz es la herramienta de redención de Dios, Su instrumento de salvación, la prueba de Su amor por la gente. Entonces, tomar la cruz significa llevar la carga de Cristo por la gente del mundo.

    A. ¿Cómo prueba la cruz el amor de Dios por la gente?

    B. ¿De qué maneras pueden los seguidores de Cristo llevar Su carga por la gente del mundo?

2. ¿Cuál es tu tarea? ¿Qué llamado, asignación y misión única tienes?

    A. Describe cuándo y cómo supiste que tenías dones que Dios podría usar.

    B. ¿Cómo puedes usar tus dones para compartir el amor de Dios por el mundo?

3. ¿En qué direcciones te ha llevado Dios? ¿Qué necesidades te ha revelado? ¿Cuáles son las habilidades que te ha dado?

    A. ¿Cómo contestas las preguntas de Max?

B. ¿Cuál es tu respuesta si piensas en tus hijos, nietos o las personas en tu esfera de influencia?

4. Ninguno de nosotros ha sido llamado a cargar con el pecado del mundo. Jesús ya lo hizo. Sin embargo, todos nosotros podemos llevar una carga específica por el mundo.

A. ¿Has experimentado un momento significativo como resultado de «llevar una carga específica por el mundo»? Explícalo.

B. ¿Cómo es posible que esta clase de carga no te abrume ni te produzca ansiedad?

5. Revísate el pulso. Hay algo que te motiva. Algún llamado trae energía a tu voz, convicción a tu rostro y dirección a tus pasos. Identifícalo y aprópiate de él. Nada le da mayor oportunidad al día que una buena dosis de apasionamiento.

A. ¿Cómo ha afectado tu carga por el mundo tu propio crecimiento espiritual?

B. ¿Qué has aprendido como resultado de interesarte activamente en los demás?

Una mirada al cielo

1. Lee Lucas 9.23-25.

A. ¿Qué significa «venir en pos» de Jesús (v. 23)? ¿Qué significa «niéguese a sí mismo»? ¿Qué significa «tome su cruz»? ¿Con cuánta frecuencia debe hacerse esto?

B. ¿Qué sucede a quienes tratan de «salvar» sus propias vidas (v. 24)? ¿Qué sucede a quienes «pierden» sus vidas por causa de Jesús?

C. ¿Qué pregunta hace Jesús en el versículo 25? ¿En qué sentido es esta una pregunta excelente que te puedes hacer todos los días de tu vida?

2. Lee Efesios 2.10.

A. ¿De quién eres hechura? ¿Qué significa esto para ti?

B. ¿En quién eres creado(a)? ¿Qué significa esto para ti?

C. ¿Para qué eres creado(a)? ¿Qué significa esto para ti?

D. ¿Cómo puedes tener certeza de que tus esfuerzos guiados por el Espíritu no serán en vano? ¿Cómo puede la verdad de este versículo aumentar tu confianza en vivir para Dios?

Capítulo 10: Servicio para los días de encrucijadas

Una mirada atrás

1. ¿Estamos dispuestos a sacrificar nuestra ambición para salvar a otro ser? ¿Poner nuestros sueños a un lado para rescatar a otro escalador? ¿Dar la espalda a nuestras cumbres personales de éxito para que alguien más pueda vivir?

A. ¿Cómo contestarías todas estas preguntas?

B. Describe una ocasión en la que alguien sacrificó sus planes con el fin de ayudarte a crecer, triunfar o salir adelante.

2. Este es el ingrediente más sorprendente de un día grandioso: Abnegación.

A. ¿Qué significa «abnegación» para ti?

B. ¿Implica la abnegación que te abstengas de considerar tus propias necesidades legítimas? Explica.

3. La satisfacción más deleitosa no se experimenta al escalar tu propio Everest, sino al ayudar a otros escaladores.

A. Describe cómo te sentiste la última vez que ayudaste a otra persona a escalar su propio Everest.

B. ¿Por qué crees que nos produce tanta emoción ayudar genuinamente a alguien que necesite nuestra ayuda?

4. ¿Quieres arrancar un día a los tentáculos del aburrimiento? Realiza actos de generosidad extrema, actos que no se puedan remunerar.

A. Si alguna vez has hecho un acto que no podría ser recompensado, descríbelo. ¿Qué sucedió?

B. ¿Cómo explicas que el prodigar actos de generosidad arranque un día de los tentáculos del aburrimiento?

5. Somos importantes, mas no esenciales; valiosos, pero no indispensables. Tenemos un papel en la obra, pero no somos el acto principal. Tenemos una canción para entonar, pero no somos los solistas. Dios lo es.

A. ¿Cuál es la diferencia entre importante y esencial, valioso e indispensable? ¿Por qué es importante tener presentes estas distinciones?

B. ¿Cómo es Dios esencial en tu propia vida? ¿Cómo es indispensable? Si no pudieras orar todo un año, ¿qué cambiaría en tu vida?

Una mirada al cielo

1. Lee Juan 13.1-17.

   A. ¿Qué importancia tiene el tiempo en que ocurrió el incidente (v. 1)?

   B. ¿Cómo mostró Jesús a Sus discípulos el alcance de Su amor (v. 2)?

   C. ¿Qué capacitó a Jesús para hacer lo que estaba a punto de hacer (v. 3)? ¿Cómo puede capacitarnos eso mismo?

   D. ¿Qué hizo Jesús (vv. 4-7)? ¿Por qué fue algo totalmente inesperado?

   E. ¿Cómo respondió Pedro a las acciones de Jesús (v. 8)? ¿Cómo respondió Jesús a Pedro (v. 8)? ¿Qué quiso dar a entender?

   F. ¿Qué lección quiso enseñar Jesús a Sus seguidores por medio de este incidente (vv. 12-15)?

   G. ¿A quiénes les tiene Jesús reservada una bendición, según el versículo 17? ¿Esperas recibir esta bendición? Explica.

2. Lee Lucas 14.12-14.

   A. ¿Qué instrucción da Jesús en el versículo 12? ¿Por qué da esta instrucción?

   B. ¿Qué instrucción adicional da Jesús en el versículo 13?

   C. ¿Qué promesa da Jesús en el versículo 14? ¿Cuándo se cumplirá esta promesa? ¿Por qué es importante tener esto presente?

Conclusión: El retoño de otro color

Una mirada atrás

1. ¿Sabes cuál es el tinte de un mundo sin color? En ese caso, haz lo mismo que Risner. Emprende la búsqueda. Arranca la malla de tu celda y saca la cabeza. Fija tu mirada en algún color afuera de tu celda.

   A. ¿Hay algo en tu vida que parece no tener color? Descríbelo.

   B. ¿En qué color afuera de tu celda puedes enfocarte?

2. Nosotros, como el general Risner, tomamos decisiones diarias. ¿Fijamos nuestra mirada en la crudeza gris de la rutina o buscamos el retoño de otro color?

   A. ¿Dónde eliges con mayor frecuencia enfocar tu mirada? ¿En el color o en lo grisáceo?

   B. ¿Qué tiende a suceder cuando te enfocas en la crudeza gris? ¿Qué tiende a suceder cuando te enfocas en el color?

3. Si buscas por todos lados y te fijas lo suficiente, estoy seguro que encontrarás algo de qué quejarte.

   A. ¿Tienes propensión a enfocarte en lo negativo o lo positivo?

   B. ¿Tienes el hábito de expresar tus quejas a otros, bien sea abiertamente o con disimulo?

4. Hasta el huerto del Edén tiene aspecto gris para algunos. Pero tú no tienes que verlo gris. Aprende una lección del prisionero. Dale a cada día una oportunidad. Asómate por el hueco en los ladrillos, más allá de las ratas, y encontrarás tu retoño de pasto.

A. ¿Cómo es posible que el huerto del Edén tenga aspecto gris para alguien?

B. ¿Estás dándole una oportunidad a cada día? ¿Le estás dando una oportunidad al día de *hoy*? Explica.

Una mirada al cielo

1. Lee Colosenses 3.1-3.

A. ¿A quién va dirigido este pasaje (v. 1)? ¿Te describe a ti? Explica.

B. ¿Qué instrucciones se dan en los versículos 1 y 2? ¿Cómo puedes hacer esto de forma diaria y práctica?

C. ¿Qué razón presenta Pablo para esta instrucción (v. 3)?

2. Lee Filipenses 4.8.

A. ¿En qué cosas verdaderas puedes meditar?

B. ¿Cuáles son las cosas nobles y honrosas en que puedes pensar?

C. ¿En qué consiste todo lo justo que te puede fortalecer?

D. ¿En qué cosas puras puedes enfocar tu atención?

E. ¿Cómo es posible que todo lo amable te equipe para servir bien a Dios?

F. ¿Qué cosas de buen nombre pueden inspirarte?

G. ¿En qué virtudes y cosas dignas de alabanza puedes pensar hoy para obtener una perspectiva adecuada de la vida?

Acerca del autor

Max Lucado es el pastor principal de la iglesia Oak Hills en San Antonio, Texas. Es el esposo de Denalyn y el padre de Jenna, Andrea y Sara. Es el autor de muchos éxitos de librería y considerado un líder entre los autores de inspiración en los Estados Unidos.

Visite su sitio en la Internet www.maxlucado.com.

Pensamientos inspiradores para cada **día del año**

ISBN: 978-088113-076-8

GRACIA

PARA TODO MOMENTO®

VOLUMEN II

Más pensamientos inspiradores para cada día del año

Max Lucado

Publicado por
GRUPO NELSON
Una división de Thomas Nelson Publishers
Desde 1798

www.gruponelson.com